Taekwondo perfekt 3

Konstantin Gil · Kim Chul-Hwan

Taekwondo perfekt 3

Die Formenschule
vom 2. bis zum 4. Meistergrad

FALKEN

Vom selben Autor sind im FALKEN Verlag außerdem erschienen:
„Illustriertes Handbuch des Taekwondo“ (Nr. 4053)
„Taekwon-Do“ (Nr. 347)
„Taekwondo perfekt 1“ (Nr. 890)
„Taekwondo perfekt 2“ (Nr. 976)

CIP-Titelaufnahme der Deutschen Bibliothek

Gil, Konstantin:
Taekwondo perfekt / Konstantin Gil; Kim Chul-Hwan. –
Niedernhausen/Ts.: FALKEN.
(FALKEN Budo-Bibliothek)
NE: Chul-Hwan, Kim:
3. Die Formenschule vom 2. bis zum 4. Meistergrad. – 1990
ISBN 3-8068-1068-0

ISBN 3 8068 1068 0

Titelbild und Fotos: Foto-Studio G + M Köhler, Leonberg
Zeichnungen: Pia Selbach, Wuppertal

Satz mit elektronischer Bildintegration: Grunewald Satz & Repro GmbH, Kassel
Druck: Wiesbadener Graphische Betriebe GmbH, Wiesbaden

817 2635 4453 6271

Inhalt

Vorwort

Der dritte Band unserer Serie „Teakwondo perfekt“ behandelt die Poomse vom 2. bis zum 4. Dan (Schwarzgurt) nach der Prüfungsordnung der Deutschen Taekwondo Union (DTU). In der Bundesrepublik wird *Kŭmgang* zum 2. Dan geprüft, *Taebaek* zum 3. und *Pyŏngwŏn* sowie *Sipjin* zum 4. Dan.

Diese Regelung gilt allerdings nicht für die World Taekwondo Federation (WTF), den offiziellen Weltdachverband, denn dort wird *Kŭmgang* zum 3., *Taebaek* zum 4. und *Pyŏngwŏn* **oder** *Sipjin* zum 5. Dan verlangt. Diese Unstimmigkeit ergibt sich aus der bereits seit 1971 bestehenden Taekwondo Prüfungsordnung in Deutschland, die sich damals noch sehr stark an ein bereits vorher bestehendes Prüfungssystem, dem der International Taekwondo Federation (ITF), anlehnte. Die Tatsache, daß die deutschen Taekwondoin für ihre Graduierung höhere Poomse ausführen müssen, stellt für sie jedoch keinen Nachteil dar, eher das Gegenteil ist der Fall. Daher sieht die DTU auch keine Veranlassung, die Prüfungsordnung dahingehend zu ändern.

Zurück zu den Formen in diesem Buch. Wie schon in den beiden vorangegangenen Bänden, so wird auch hier sowohl jede neue Technik detailliert erklärt und beschrieben als auch auf Ähnlichkeiten mit anderen Techniken verwiesen. Diagramme und Phasenfotos wurden weiterhin als hilfreiche Stütze zum Erlernen der Poomse beibehalten.

In dieser Phase des Fortschritts ist es natürlich unumgänglich, daß der Übende immer selbstkritischer wird und auf größtmögliche Perfektion aller Techniken achtet. Die technische Weiterentwicklung soll deutlich zu erkennen sein. Um aber aus der Poomse nicht doch noch lediglich nur eine Aneinanderreihung exzellent ausgeführter Techniken zu machen, sollte gleichzeitig an der Verbesserung ihrer Interpretation gearbeitet werden. Hier können die angeführten Beispiele sowie die Texthinweise behilflich sein.

Kraftakte jedweder Art sollte der Taekwondoin sowohl beim Üben als auch beim konkreten Vorführen vermeiden. Alle Bewegungen sollten locker und leicht aus einer entspannten Körperhaltung heraus erfolgen. Erst beim Einrasten – in der Endphase einer Technik – wird der Körper einen kurzen Moment angespannt, um sofort wieder entspannt zu werden. Wird eine Bewegungsform ausschließlich mit Kraft durchgeführt, entsteht der Eindruck einer Verkrampfung. Und in der Tat – der Ausführende ist dann meist auch wirklich verkrampft.

Der höher Graduierte unterscheidet sich von den weniger Geübten durch die nachfolgenden Punkte, auf die er im Training besondere Sorgfalt verwenden sollte:

- Perfektion der Technik
- Richtungsgenauigkeit
- sehr gute Atemkontrolle
- Einhaltung des Rhythmus
- absolutes Gleichgewicht

- einfühlsame Interpretation
- lockere und trotzdem kraftvolle Ausführung
- genaues Enden am Startpunkt
- genaue Beachtung von Diagramm und Bewegungsfolgen

Die von uns angebotenen Selbstverteidigungsbeispiele sollen den Leser veranlassen, sie einige Male zu üben oder sie auch zu eigenen Interpretationen zu führen. Wir haben möglichst realistische Beispiele gewählt, damit sie eventuell in das Selbstverteidigungs-Übungsprogramm aufgenommen werden können. Wir hoffen, den Leser dadurch zu neuen Ideen und Trainingsabfolgen zu inspirieren.

Noch einige Worte zu den in diesem Band beschriebenen Reihenbruchtests. Reihenbruchtests verlangen eine ähnlich gute Vorbereitung und Übung vor der Prüfung wie die Poomse.

Hier kommt es vor allem auf das perfekte Aufstellen der Bretthalter an. Die Entfernungen und Richtungen müssen bereits im Training perfekt ausgemessen werden. Damit wird nicht nur gewährleistet, daß der Prüfling die besten Erfolgschancen hat, sondern auch, daß es keine unnötigen Verzögerungen beim Aufstellen gibt. (Dies gilt auch in Hinsicht auf Vorführungen vor mehr oder weniger unkundigem Publikum). Die Konzentration umfaßt hier nicht mehr nur das einzelne Objekt, sondern den gesamten Ablauf der Aktion. Das heißt, daß der oder die Ausführende sich auf den kompletten Prozeß seiner Bewegungen konzentriert und danach den Reihenbruchtest ohne zwischengeschaltete Konzentrationsphasen ausführt – in einem einzigen, leicht wirkenden Lauf oder einer einzigen flüssigen Bewegungsfolge.

Konstantin Gil

Konstantin Gil hat mit seinen beiden beim FALKEN Verlag erschienenen Lehrbüchern (1972 und 1978) Pionierarbeit für die deutschsprachige Taekwondo-Literatur geleistet. Gil wurde 1946 in Kowno/Litauen geboren und kam 1959 in die Bundesrepublik. Er lernte Maschinenschlosser, bildete sich weiter und ist heute Chef vom Dienst von TAEKWONDO AKTUELL, der offiziellen Fachzeitschrift der Deutschen Taekwondo Union (DTU).

Mit Taekwondo fing Konstantin Gil 1967 an. Seine Lehrer waren Moon Yang-Keun und Kwon Jae-Hwa. Er schlug zunächst die Kämpfer-Laufbahn ein, wurde 1970 beim Deutschen Verband für waffenlose Selbstverteidigung Deutscher Vizemeister und 1977 beim DJB Dritter der Internationalen Deutschen Meisterschaft. 1972 war er mit seiner Mannschaft Deutscher Vizemeister und 1973 Deutscher Meister. 1976 errang er bei einem deutsch-amerikanischen Turnier den ersten Platz bei den Poomse-Meisterschaften, war 1984 und 1985 Rheinland-Pfälzischer und 1987 Deutscher Poomse-Meister. Seine Prüfung zum 5. Dan legte er 1987 ab.

Kim Chul-Hwan

Der vielfache koreanische Meister und Weltmeister von 1973, Kim Chul-Hwan, wurde 1953 in Korea geboren. Nach dem Abitur besuchte er die Technische Hochschule in Seoul, die er 1975 als Maschinenbau-Techniker abschloß.

Seine sportliche Laufbahn begann Kim Chul-Hwan im Alter von neun Jahren 1962. Beim Gewinn des Mannschafts-Weltmeister-Titels 1973 bei der ersten Taekwondo-Weltmeisterschaft war er bereits ein berühmter Kämpfer. Nach seiner ersten Erringung der Asienmeisterschaft 1974 wurde er in Korea zum Sportler des Jahres gewählt. Insgesamt errang er 24 koreanische Titel. Sein letzter großer Erfolg war der Meistertitel bei den Pre World Games 1978. Danach beendete er seine Wettkampflaufbahn.

Im Dezember 1978 kam er in die Bundesrepublik und führte in ganz Niedersachsen die neuen Poomse ein. In Aachen und Umgebung gründete er ab 1980 sechs Vereine, die alle den Namen „Hankook" (Korea) tragen und der Deutschen Taekwondo Union (DTU) angeschlossen sind. 1986 bekam Kim Chul-Hwan von der World Taekwondo Federation (WTF) den 7. Dan zugesprochen.

Phonetik, Fachausdrücke und Erklärungen

Phonetik der koreanischen Namen

ae = **ä** wie in M**ä**rchen
ŏ = offener Laut **zwischen a und o** wie im engl.: n**o**t
oo = **u**
ŭ = fast stimmloser Laut **zwischen u und e**
y = ein Laut **zwischen i und j**

Andere Vokale werden wie im Deutschen ausgesprochen.
ch = **tsch** wie in Deu**tsch**land
j = **dsch** wie in **Dsch**ungel
s = **ß** wie in da**ß** oder Fa**ß**
w = flüchtiges, mit für u geformten Lippen gesprochenes **w** wie im engl.: **w**ill

Koreanische Fachausdrücke

An — von außen nach innen
An-chigi — Schlag nach innen
An-makki — Block nach innen
An-palmok-hechyŏ-makki — Keilblock mit dem inneren Unterarm
An-palmok-makki — Block mit dem inneren Unterarm
Ap — vorne, vorn
Ap-chagi — Vorwärtstritt
Ape — nach vorne
Ape-chigi — Schlag nach vorne
Ap-gubi — vorn gebeugt, lange Vorwärtsstellung
Ap-sŏgi — Vorwärtsstellung, Schrittstellung
Arae — Unterleib unter dem Nabel
Arae-makki — Unterleibsblock, Tiefblock

Bakkat — von innen nach außen
Bakkat-makki — Block nach außen
Bakkat-palmok — Außen-Unterarm
Bakkat-palmok-santŭl-hechyŏ-makki — auseinander geschobener Außenunterarm-Block
Bandae — seitenverkehrt, das Gegenteil
Bandae-dolyŏ-chagi — Fersendrehschlag, Gegendrehtritt
Bandae-jirŭgi — seitenverkehrter Fauststoß
Baro — gleichseitig, zurück zur Ausgangsstellung
Barojirŭgi — gleichseitiger Fauststoß
Batangson — Handballen
Batangson-gŏdŭrŏ-makki — Block mit Handballen-Unterstützung
Batangson-momtong-an-makki — Handballen-Innenblock

Batangson-momtong-makki — Handballen-Körperblock
Batangson-tŏkchigi — Handballen-Kinnschlag
Bawi — Felsen
Bawi-milgi — den Felsen schieben, drücken; Felsenblock
Bo-jumŏk — Faust-Konzentrationsform
Bŏm-sŏgi — Tiger-Stellung

Chagi — Tritt
Charyŏt — Kommando zur Achtungsstellung
Chettari-jirŭgi — gleichzeitiger Stoß mit zwei Fäusten
Chigi — Schlag
Chirŭgi — Stich, Fingerspitzenstich

Dan — Schwarzgurt (ab 16 Jahre: 1.–10.)
Dobok — Taekwondo-Uniform (Anzug)
Dojang — Taekwondo-Trainingshalle
Dolchŏgwi — Scharnier
Dolyŏ — drehen
Dolyŏ-chagi — Halbkreistritt, Drehtritt
Du — doppelt, zwei
Dubaldang-sang-ap-chagi — mit beiden Füßen nacheinander getretener Vorwärtstritt in einem Sprung
Du-jumŏk-jechyŏ-jirŭgi — gleichzeitiger Zweifauststoß mit umgedrehten Fäusten
Du-jumŏk-jirŭgi — gleichzeitiger Fauststoß
Dŭng-jumŏk — Faustrücken
Dŭng-jumŏk-ape-chigi – Faustrückenschlag nach vorne
Dŭng-jumŏk-bakkat-chigi — Faustrückenschlag nach außen
Dŭrŏ — heben
Dŭrŏ-olligi — Aushebeblock (hoch nach oben heben)
Dwit — rückwärts, hinten, nach hinten
Dwit-gubi — hinten gebeugt, Rückwärtsstellung

Gawi — Schere
Gawi-makki — Scherenblock
Gihap — konzentrierter kurzer Schrei
Gŏdŭrŏ — Schutz, Unterstützung
Gŏdŭrŏ-makki — Schutzblock, Unterarmblock mit Unterstützung
Gŭman — Kommando zur Beendigung der Übung oder des Kampfes
Gyŏpson – übereinandergelegte Hände
Gyŏpson-junbi — Vorbereitungsstellung, Konzentrationsform mit übereinander gelegten Händen

Hanson — Einzelhand
Hanson-kaljaebi — einhändiger Würgegriff

Hansonnal — Einzelhandkante
Hansonnal-makki — Block mit einer Handkante
Hakdari — Kranichbein
Hakdari-sŏgi — Kranichbein-, Einbein-Stellung
Hechyŏ — Keil, auseinander schieben
Hechyŏ-makki — Keilblock
Hechyŏ-santul-makki — auseinander geschobener Bergblock
Hogu — Schutzweste
Hwangso — Kuhhörner
Hwangso-makki — kuhhornförmiger Block

Jagŭn — klein
Jagŭn-dolchŏgwi — kleines Scharnier (Fäuste an der Hüfte übereinander)
Jang — Aufgabe, Abschnitt
Jebipum — Schwalbenform
Jebipum-hansonnal-makki — Schwalbenflugform-Handkantenabwehr
Jebipum-sonnal-mokchigi — Schwalbenflugform-Handkantenschlag zum Hals
Jechyŏ — umgekehrt, umgedreht
Jechyŏ-jirŭgi — umgekehrter, umgedrehter Fauststoß
Jirŭgi — Stoß, Fauststoß
Juchum-sŏgi — Sitzstellung
Jumŏk — Faust
Jumŏk-dangyŏ-tŏk-jirŭgi — Kinnhaken mit Heranziehen des Gegners
Jumŏk-pyojŏk-jirŭgi — Zielstoß zur Handfläche mit der Faust
Junbi — Vorbereiten! – Kommando zu Junbi-sŏgi
Junbi-sŏgi — Vorbereitungsstellung

Kaljaebi — Halsgriff, Würgegriff
Kŏkki — Schlaggriff
Kŭmgang — Diamant
Kŭmgang-makki — Diamant-Block, Zweiarm-Abwehr, bei welcher der eine Arm Olgul-makki und der andere Arae-yŏp-makki ausführt
Kŭmgang-momtong-makki — Diamant-Block, Zweiarm-Abwehr, bei welcher der eine Arm Olgul-makki und der andere Bakkat-momtong-makki ausführt
Kŭn — groß
Kŭn-dolchŏgwi — großes Scharnier, hakenförmiger Fauststoß von der Seite
Kŭp — Schülergrad (9.–1.)
Kyŏk-pa — Bruchtest

Makki — Block, Abwehr
Me-jumŏk — Kleinfingerfaust, Faustboden
Moa-sŏgi — geschlossene Stellung

Mok — Hals
Mokchigi — Schlag zum Hals
Momdolyŏ — Körper drehen
Momdolyŏ-chagi — Körperdreh-Tritt
Momdolyŏ-yŏp-chagi — Körperdreh-Seitwärtstritt
Momtong — der Rumpf zwischen Bauchnabel und Schlüsselbein
Momtong-hechyŏ-makki — Keilblock mit den Außenunterarmen
Momtong-jirŭgi — Fauststoß zum Körper
Momtong-makki — Körper-, Rumpfabwehr (-block)
Monge — Fessel, Joch
Monge-chigi — Fesselschlag: mit beiden Ellenbogen wird gleichzeitig nach beiden Seiten gestoßen
Murŭp — Knie
Murŭp-chigi — Knieschlag, Knietritt
Murŭp-kokki — Schlaggriff auf das Knie

Oesantŭl-makki — Zweiarmblock nach außen: mit Arae-makki auf der einen und Ŏlgul-bakkat-makki auf der anderen
Ŏlgul — Gesicht (mit Hals)
Ŏlgul-makki — Gesichtsblock
Ollyŏ — aufwärts
Olligi — nach oben bringen, hochziehen
Ŏtgŏrŏ — überkreuz
Ŏtgŏrŏ-makki — Kreuzblock
Ŏpŏ — waagerecht, flach

Pal — Arm
Palkup — Ellenbogen
Palkup-ollyŏ-chigi — Ellenbogen-Aufwärtsschlag
Poom – Kinder-Schwarzgurt (bis 16 Jahre, 1.–3.), Form
Poomse — Bewegungsform
Pyojŏk — Ziel
Pyŏn — flach
Pyŏnhi-sŏgi — Parallelstellung mit leichtauswärts gerichteten Zehen
Pyŏnson — flache Hand
Pyŏnsonkŭt — Fingerspitzen der flach ausgestreckten Hand
Pyŏnsonkŭt-jechyŏ-chirŭgi — Fingerspitzen-Stich mit nach oben gedrehter Handfläche
Pyŏnsonkŭt-ŏpŏ-chirŭgi — Fingerspitzenstich mit nach unten gedrehter Handfläche

Sabom — Lehrer, Meister
Sabom-nim — Lehrer, Meister ab 5. Dan
Santŭl — bergförmig, Bergform
Santŭl-makki — Bergform-Block
Sewŏ — senkrecht
Sewŏ-an-chagi — Tritt von außen nach innen mit senkrecht gestelltem Fuß
Sonkŭt — Fingerspitzen
Sonnal — Messerhand, Handkante

Sonnal-arae-hechyŏ-makki	–	Handkanten-Unterleib-Keilblock
Sonnal-bakkat-chigi	–	Handkantenschlag nach außen
Sonnal-chigi	–	Handkantenschlag
Sonnaldũng	–	Handkantenrücken, Innenhandkante
Sonnaldũng-hechyŏ-makki	–	Keilblock mit Innenhandkanten
Sonnal-makki	–	Handkanten-Block
Sonnal-ŏtgŏrŏ-arae-makki	–	Tiefblock mit überkreuzten Handkanten
Taekwon-doin	–	jemand, der oder die Taekwondo treibt
Tŏk	–	Kinn
Tŏkchigi	–	Kinnschlag
Tongmilgi	–	etwas Rundes mit den Handflächen zusammendrücken – z. B. ein Rohr
Twiŏ	–	springen
Twiŏ-chagi	–	Tritt im Sprung, Sprungtritt
Ty	–	Gürtel
Yŏp	–	Seite
Yŏp-chagi	–	Seitwärtstritt
Yŏp-chigi	–	Seitwärts-Schlag
Yŏp-jirũgi	–	Seitwärts-Fauststoß
Yŏp-makki	–	Seitwärtsblock

Erklärungen zu den Übungsbeschreibungen

Folgendes Muster wurde bei der Poomse-Beschreibung zugrunde gelegt:

Die **Zahl** über der Beschreibung bezeichnet die Bewegungsfolge.

Beschreibung:
- **a)** Tritte, Körper- und Beinbewegungen
- **b)** Bezeichnung der Stellungen
- **c)** Handtechniken

Die **Pfeile ➤** zeigen den Ablauf der Bewegungen an.

Richtungen:
- **V** = vorn
- **H** = hinten
- **L** = links (1–3)
- **R** = rechts (1–3)

Junbi = Anfangsstellung

Gũman = Endstellung

Kŭmgang

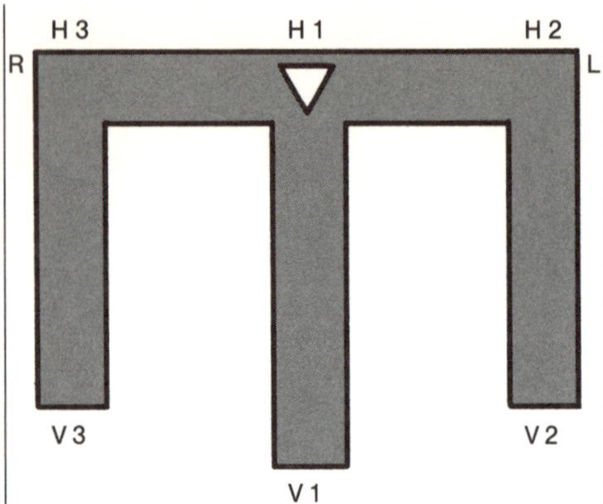

Das Wort *Kŭmgang* hat in der koreanischen Sprache mehrere Entsprechungen, denen aber allen etwas gemeinsam ist: die Reinheit der Eigenschaft oder des betreffenden Gegenstandes. Im allgemeinen versteht ein Koreaner unter *Kŭmgang*: zu fest, um zerbrochen zu werden. Die buddhistischen Mönche andererseits begreifen *Kŭmgang* als das Ende aller Seelenpein durch Weisheit und Tugend.

Kŭmgang beschreibt im Taekwondo eine Bewegungsform, die auf geistiger Kraft basiert, mit der Erhabenheit der Berge und der Härte sowie Reinheit eines Diamanten vergleichbar. Die Einbeinstellungen *Hakdari-sŏgi* und das plötzliche Stillstehen in *Juchum-sŏgi* nach schnellen Drehungen sollen Gleichgewicht und die erreichte Fähigkeit des unverrückbar festen Stehens dokumentieren.

Wird das Diagramm mit den Spitzen nach oben gedreht, bedeutet es in der chinesischen Schrift Berg.

Techniken zu Kŭmgang

Seitenansicht

Hakdari-sŏgi

Bei der Einbeinstellung *Hakdari-sŏgi* (Kranichbeinstellung) wird der unbelastete Fuß zum Knie des Standbeins hochgezogen, bis er dieses berührt. Um das Gleichgewicht besser halten zu können, wird das Knie des Standbeins leicht gebeugt und damit der Körperschwerpunkt gesenkt. Der Beugewinkel richtet sich nach Körperbeschaffenheit und den gegebenen Erfordernissen.

In der *Kŭmgang* ist *Hakdari-sŏgi* besonders schwierig, da das Gleichgewicht etwa sechs Sekunden ohne zu wackeln gehalten werden muß.

Batangson-tŏkchigi

Der Ausdruck *Batangson-tŏkchigi* bedeutet wörtlich Handballen-Kinnschlag. Diese Bezeichnung entspricht nicht der Ausführung, denn es handelt sich eigentlich um einen Stoß und nicht um einen Schlag.

Wir beginnen mit der offenen, nach unten abgewinkelten Hand, also in derselben Position wie beim FaustDstoß, und stoßen – ebenfalls wie beim Fauststoß – die nach vorne gerichtete Handfläche vorwärts zum Kinn des Gegners. Die andere Hand geht zur Faust geballt zur Hüfte zurück. Die Stoßhand beschreibt jedoch nur eine etwa 90-Grad-Drehung nach innen und nicht wie die Faust beim Fauststoß, die eine 180-Grad-Drehung beschreibt.

1 ➤

2 ⮟

Während die geschlossenen Fingerspitzen leicht gebeugt nach außen zeigen, wird mit dem Handballen frontal getroffen. Selbstverständlich ist der Handballenstoß auch zu anderen vitalen Punkten möglich, dann heißt der Ausdruck einfach *Batangson-chigi*.

3

Sonnal-an-makki

Sonnal-an-makki, der Handkantenblock nach innen, ist das Gegenstück zu *Han-sonnal-makki*. Der Blockteil, Unterarm einschließlich Handkante, ist zwar gleich, nur wird er wie *Momtong-makki* ausgeführt. Die Handkante kann dabei etwas nach vorne abgewinkelt sein. In dieser Form ist der Block gleichzeitig auch als der Handkantenschlag *Sonnal-an-chigi* ausführbar.

1 ➤

2

2 Seitenansicht

Kŭmgang-makki

Unter *Kŭmgang-makki* wird ein gleichzeitiger Gesichts- und Unterleibsblock verstanden, wobei *Arae-makki* in der Regel über dem vorderen oder dem hochgezogenen Bein ausgeführt wird, während der andere Arm mit *Ŏlgul-makki* blockt.

In der Ausführung kreuzen sich die beiden Arme zunächst vor der Brust, wobei der Arm für *Arae-makki* innen und der Arm für *Ŏlgul-makki* außen geführt wird. Beide Arme beschreiben gleichzeitig die jeweils Block-entsprechenden Bewegungen und kommen gleichzeitig zum Stillstand.

1 ➤

2 ➤

3

2 Seitenansicht ➤

3 Seitenansicht

Kŭn-dolchŏgwi

Kŭn-dolchŏgwi (Großes Scharnier) ist ein Fauststoß, bei dem der Arm eine scharnierartige Bewegung vollzieht. Der *Kŭn-dolchŏgwi* gilt einem seitlich, in sehr naher Position stehenden Gegner.

Die richtige Ausführung des *Kŭn-dolchŏgwi* erfordert langes und geduldiges Üben. Die ausführende Faust beginnt wie beim normalen Fauststoß, während die andere Faust über ihr gehalten wird. Die Stoßfaust beschreibt einen hakenförmigen Bogen nach innen, bis sie die gegenüberliegende Körperseite erreicht hat. Simultan dazu geht die andere Faust an die Hüfte ihrer Seite. Die Stoßfaust endet in Achselhöhe, im Abstand des nach vorne gerichteten Oberarmes. Der Unterarm wird waagerecht und parallel zum Körper gehalten. Der Winkel zwischen Unter- und Oberarm beträgt 90 Grad.

1 ➤

2 ➤

3

2 ➤ Seitenansicht

3 Seitenansicht

1 ➤

2 ➤

Sewŏ-an-chagi

Sewŏ-an-chagi (Senkrechter Innentritt) ist ein von außen nach innen geführter Tritt mit der Fußsohle. Mit gestrecktem oder leicht gebeugtem Knie wird der Fuß in einem Bogen direkt vom Boden nach innen zum Ziel geführt. Ist das Ziel von der Seite getroffen, wird der Trittfuß schnell zum Knie des Standbeins zurückgezogen. So kann man das Gleichgewicht wahren.

Man kann den Tritt auch mit einer leichten Schnappbewegung des Knies durchführen. Hierbei wird der Fuß mit angewinkeltem Knie hochgezogen und kurz vor dem Ziel gestreckt beziehungsweise fast gestreckt. Bei dieser Variation ist das Zurückziehen des Fußes nach dem Tritt nicht ganz so schwierig wie ohne Schnappbewegung.

3 ➤

4 ▼

5

Santŭl-makki

Der zweiarmige Gesichtsblock hat den Namen *Santŭl-makki* (Bergblock) bekommen, weil die Arme und der Kopf gemeinsam das chinesische Zeichen für Berg formen. *Santŭl-makki* wird, je nach Gelegenheit, in zwei verschiedenen Variationen ausgeführt.

Bei der für *Kŭmgang* gültigen Ausführung wird der eine Angriff mit dem Innenunterarm nach hinten abgelenkt, der andere mit dem Außenunterarm nach vorne. Hier beschreibt ein Arm die Bewegung von *Bakkat-makki* (mit dem Innenunterarm) und der andere mit dem Außenunterarm die von *An-makki*. In der Endstellung des *Santŭl-makki* bilden die Oberarme und die Schultern eine Linie, sowohl in der Horizontalen als auch in der Körperachse. Die beiden Unterarme stehen senkrecht nach oben mit den Faustrücken nach außen.

In der zweiten Ausführungsform führen die beiden Arme die Bewegung von *An-palmok-hechyŏ-makki* aus und lenken die beiden Angriffe nach hinten ab.

Die Blickrichtung nach der Ausführung von *Santŭl-makki* ist nach vorne gerichtet. Danach erst wird der Kopf in die weitere Ausführungsrichtung gedreht. Die bevorzugte Stellung von *Santŭl-makki* ist *Juchum-sŏgi*.

1

1 Seitenansicht

1

2

2 Seitenansicht

J ➤

1 a ➤

Junbi

a) Mit dem Gesicht in Richtung **V 1** stehen, den linken Fuß zur Seite stellen
b) **Pyŏnhi-sŏgi**
c) **Gibon-junbi**

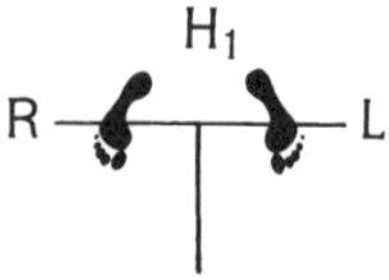

1

a) Links in Richtung **V 1** vorgehen
b) Links **Ap-gubi**
c) **An-palmok-hechyŏ-makki**

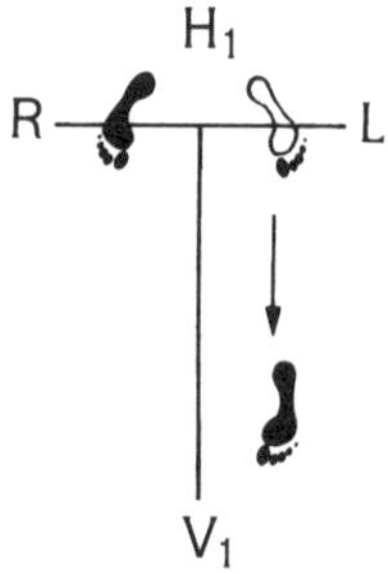

1 b

1 ➤

2 ➤

Anwendungsbeispiel zu 1 und 2 (1-4)

3 ➤

4

2

a) Rechts vorgehen
b) Rechts **Ap-gubi**
c) Rechts **Batangson-tŏkchigi**

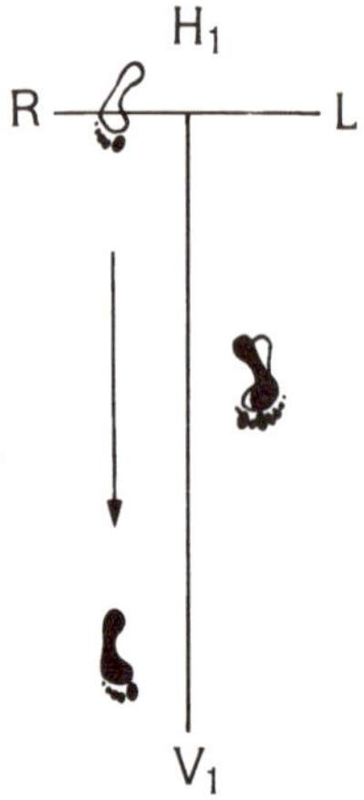

3

a) Links vorgehen
b) Links **Ap-gubi**
c) Links **Batangson-tŏkchigi**

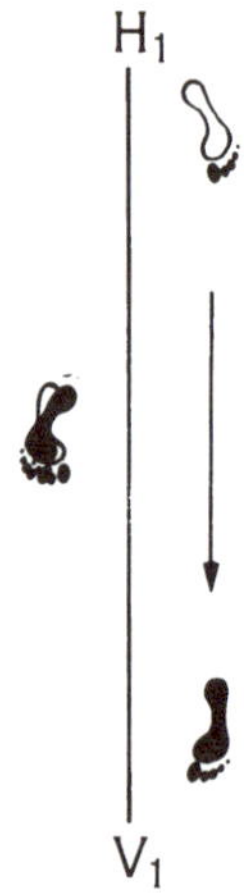

2 ➤

3 ➤

4

a) Rechts vorgehen
b) Rechts **Ap-gubi**
c) Rechts **Batangson-tŏkchigi**

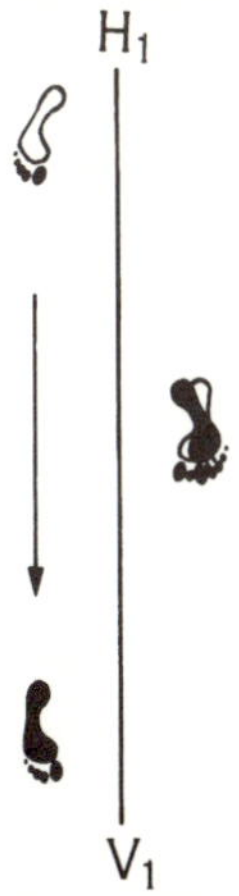

4 ▲

5

5

a) Rechts zurückgehen, das Gesicht zeigt in Richtung **V1**
b) Rechts **Dwit-gubi**
c) Links **Sonnal-momtong-an-makki**

7

7

a) Rechts zurückgehen, das Gesicht zeigt in Richtung **V 1**
b) Rechts **Dwit-gubi**
c) Links **Sonnal-momtong-an-makki**

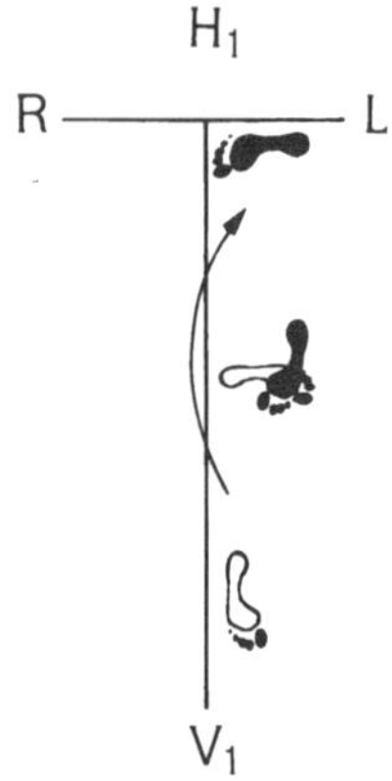

6 ▲

6

a) Links zurückgehen, das Gesicht zeigt in Richtung **V 1**
b) Links **Dwit-gubi**
c) Rechts **Sonnal-momtong-an-makki**

1 ▼ Selbstverteidigungsbeispiel zu 7 und 8 (1-2)

2

8

a) Den linken Fuß zum Knie des rechten Beins hochziehen, dabei langsam und kraftvoll den rechten Arm aufwärts- und den linken abwärtsführen mit Blickrichtung **V1**

b) Rechts **Hakdari-sögi**

c) **Kümgang-makki** (bei Erreichen der Endstellung der Arme wechselt die Blickrichtung durch eine schnelle Kopfdrehung in Richtung **L**)

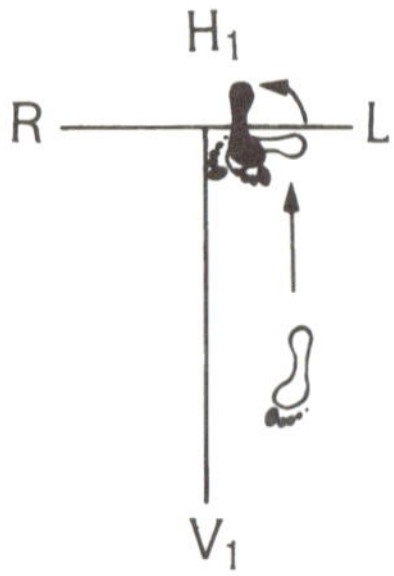

8 a ➤

8 a ➤ Aus Richtung **L**

8b ➤

8c

8b ➤ Aus Richtung **L**

8c Aus Richtung **L**

9

a) Den linken Fuß schnell in Richtung **L** absetzen
b) **Juchum-sŏgi**
c) Rechts **Kŭn-dolchogwi** in Richtung **L**

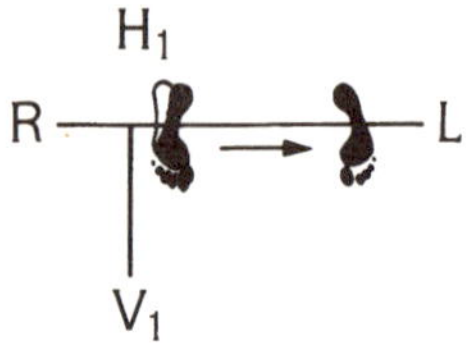

9 a ➤

9b ➤

9c

Aus Richtung **L**

10 a ➤

10 b ➤

10

a) Auf den Fußballen zuerst rechts, dann links schnell je einen Schritt in Richtung **L** gehen, dabei eine 360-Grad-Linksdrehung ausführen

b) **Juchum-sŏgi**

c) Rechts **Kŭn-dolchogwi** in Richtung **L**

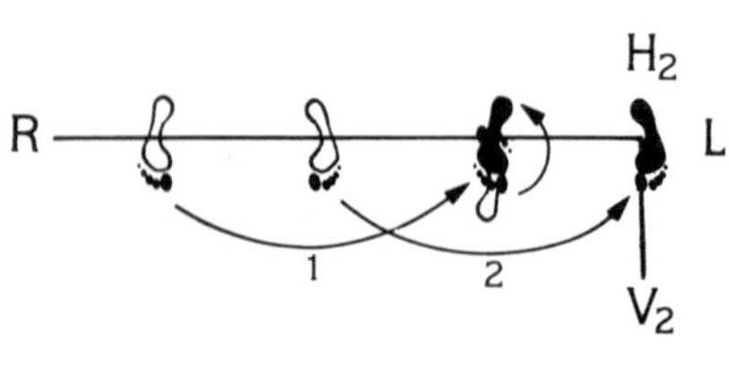

10 c ➤

10 d ⮟

10 e

Anwendung der Bewegungen 9 und 10 (1-4)

1 ➤

4

2 ➤

3 ➤

11 a ➤

11 b ➤

11 c Aus Richtung **L**

11 e Aus Richtung **L**

11 c ➤

11 d ➤

11

a) Mit dem rechten Fuß **Sewŏ-an-chagi** in Richtung **V2** ausführen, anschließend fest auf den Boden stampfen
b) **Juchum-sŏgi**
c) **Santul-makki** mit Blickrichtung **L** – mit **Gihap**

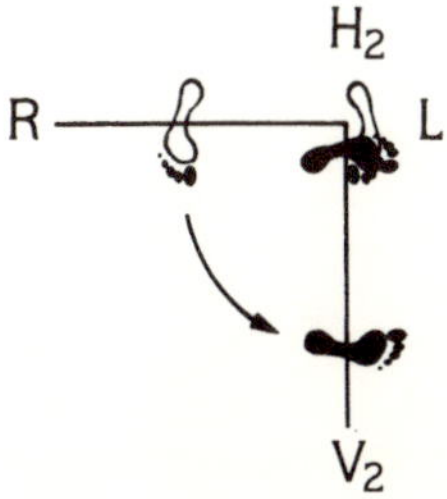

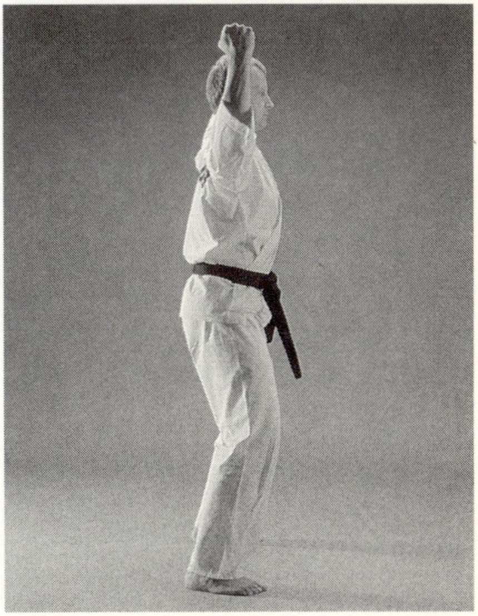

11 e

Anwendungsbeispiele der Bewegung 11 (1–2) zur Selbstverteidigung

1 ➤

2

12

a) Auf dem rechten Fuß rechtsherum drehen, den linken Fuß in Richtung **V2** setzen
b) **Juchum-sŏgi**
c) **An-palmok-momtong-hechyŏ-makki** mit Blickrichtung **R**

12a ▼

12c

12b ◄

13

a) Der linke Fuß wird etwas zum rechten Fuß gezogen. Die Arme vor der Brust kreuzen und im Kreisbogen langsam, aber kraftvoll abwärtsführen

b) **Pyŏnhi-sŏgi**

c) **Arae-hechyŏ-makki** (bei Beendigung der Bewegung wechselt die Blickrichtung durch schnelles Kopfdrehen in Richtung **H2**)

13 c ➤

13 a ➤

13 b ⮝

14 a ➤

14 b

14

a) Mit dem linken Fuß **Sewŏ-an-chagi** in Richtung **H2** ausführen, anschließend fest auf den Boden stampfen
b) **Juchum-sŏgi**
c) **Santŭl-makki** mit Blickrichtung **L**

16 b

16 a ➤

16

a) Den rechten Fuß schnell in Richtung **R** absetzen

b) **Juchum-sŏgi**

c) Links **Kŭn-dolchŏgwi** in Richtung **R**

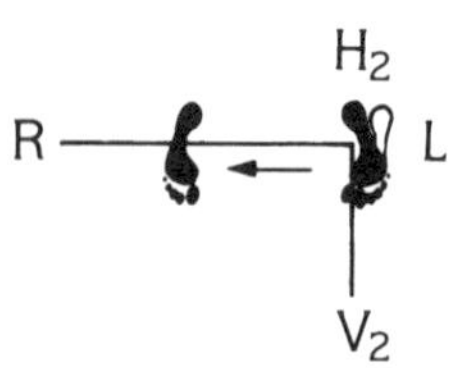

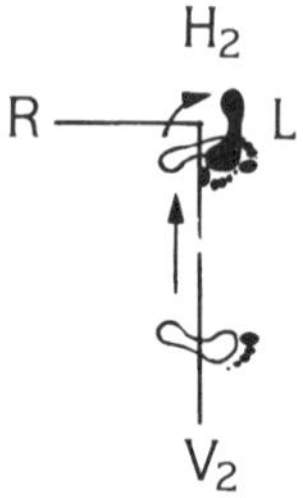

15 c ➤

15 b ➤

15

a) Auf dem linken Fuß nach rechts drehen, den rechten Fuß zu **Hakdari-sŏgi** hochziehen, dabei langsam und kraftvoll den linken Arm aufwärts-, den rechten abwärtsführen mit Blickrichtung **V2**

b) Links **Hakdari-sŏgi**

c) **Kŭmgang-makki** (bei Erreichen der Endstellung der Arme wechselt die Blickrichtung durch eine schnelle Kopfdrehung in Richtung **R**)

15 a ➤

18

17c ➤

18

a) Den rechten Fuß zu **Hakdari-sŏgi** hochziehen, dabei langsam, aber kraftvoll den linken Arm aufwärts-, den rechten Arm abwärtsführen mit Blickrichtung **R**

b) Links **Hakdari-sŏgi**

c) **Kümgang-makki** mit Blickrichtung **R**

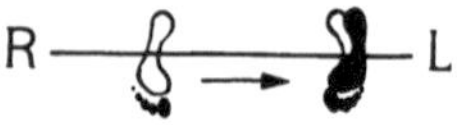

17 b ➤

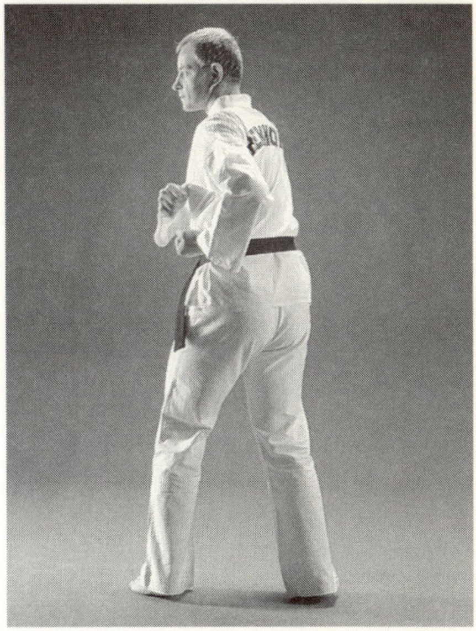

17 a ➤

17

a) Auf den Fußballen zuerst links, dann rechts schnell in Richtung **R** je einen Schritt gehen, dabei eine 360-Grad-Rechtsdrehung ausführen

b) **Juchum-sŏgi**

c) Links **Kŭn-dolchŏgwi** in Richtung **R**

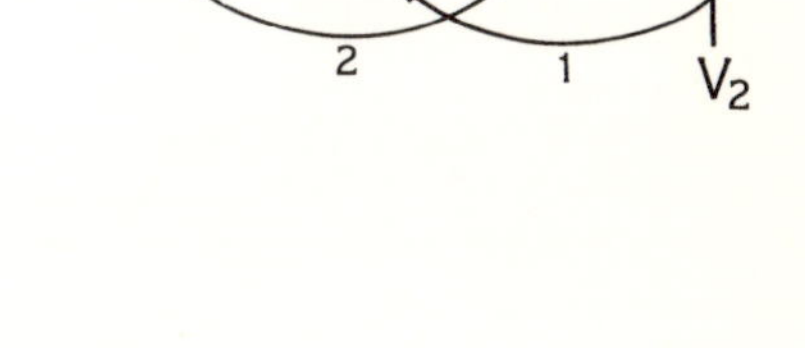

20 c ➤

20 b ➤

20

a) Auf den Fußballen zuerst links, dann rechts schnell in Richtung **R** je einen Schritt gehen, dabei eine 360-Grad-Rechtsdrehung ausführen
b) **Juchum-sŏgi**
c) Links **Kŭn-dolchŏgwi** in Richtung **R**

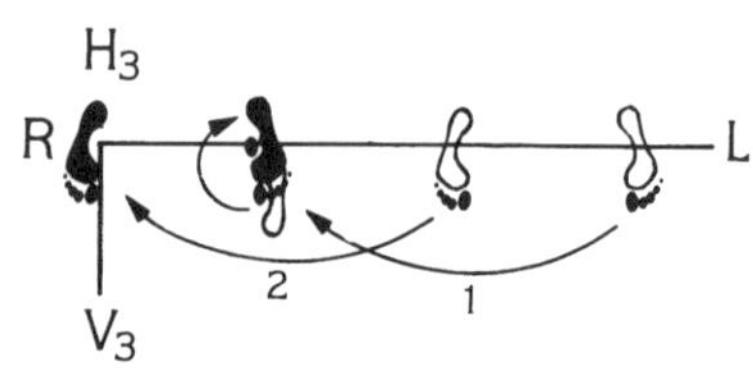

20 a ➤

19 ➤

19

a) Den rechten Fuß schnell in Richtung **R** absetzen
b) **Juchum-sŏgi**
c) Links **Kŭn-dolchŏgwi** in Richtung **R**

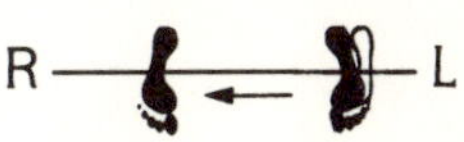

22a ⮟

21c ⮜

22b

21 b ◄

21 a ◄

22

a) Auf dem linken Fuß linksherum drehen, den rechten Fuß in Richtung **V3** absetzen

b) **Juchum-sŏgi**

c) **An-palmok-momtong-hechyŏ-makki** mit Blickrichtung **L**

21

a) Mit dem linken Fuß **Sewo-an-chagi** in Richtung **V3** ausführen, anschließend fest auf den Boden stampfen

b) **Juchum-sŏgi**

c) **Santŭl-makki** mit Blickrichtung **R** – mit **Gihap**

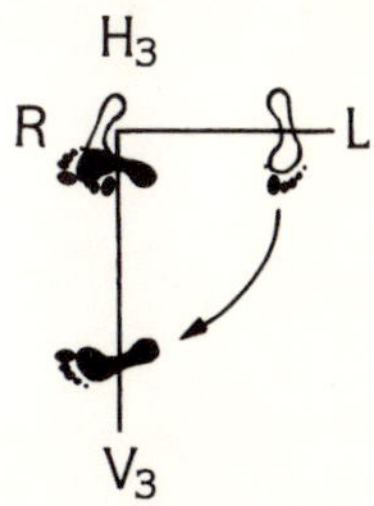

23 b ➤

24 a ➤

23 a ⮝

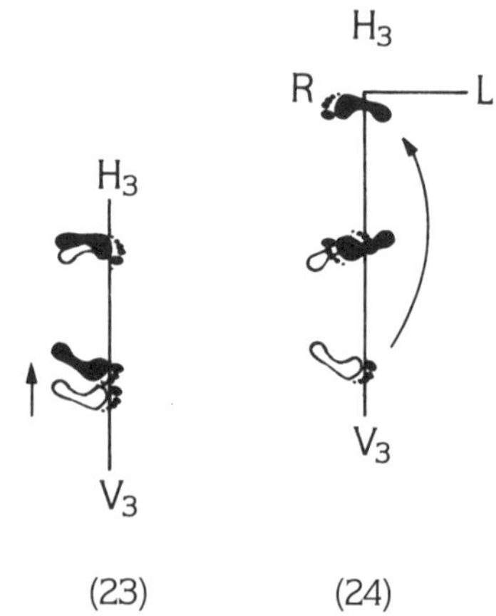

24 b

23

a) Den rechten Fuß etwas heranziehen. Die Arme vor der Brust kreuzen und dann langsam, aber kraftvoll abwärtsführen
b) **Pyŏnhi-sŏgi**
c) **Arae-hechyŏ-makki** (bei Beendigung der Abwärtsbewegung wechselt die Blickrichtung durch schnelles Kopfdrehen in Richtung **H3**

24

a) Mit dem rechten Fuß **Sewo-an-chagi** in Richtung **H3** ausführen, anschließend fest auf den Boden stampfen
b) **Juchum-sŏgi**
c) **Santŭl-makki** mit Blickrichtung **R**

25 b ➤

26 a ➤

25 a ⮝

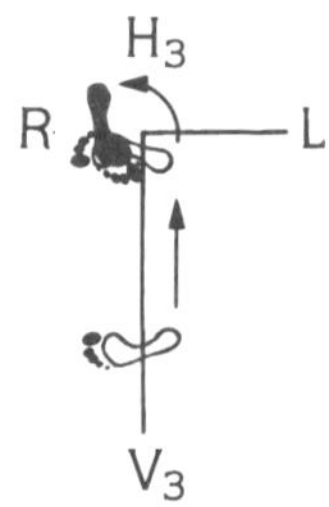

26 b ➤

26 c ➤

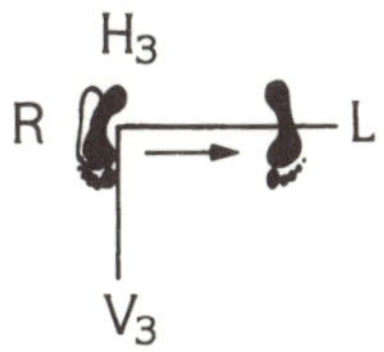

25

a) Auf dem rechten Fuß nach links drehen, den linken Fuß zu **Hakdari-sŏgi** hochziehen, dabei langsam und kraftvoll den rechten Arm aufwärts-, den linken abwärtsführen mit Blickrichtung **V3**

b) Rechts **Hakdari-sŏgi**

c) **Kŭmgang-makki** (bei Erreichen der Endstellung der Arme wechselt die Blickrichtung durch eine schnelle Kopfdrehung in Richtung **L**

26

a) Linken Fuß schnell in Richtung **L** absetzen

b) **Juchum-sŏgi**

c) Rechts **Kŭn-dolchŏgwi** in Richtung **L**

27 a ➤

27 b ➤

27

a) Auf den Fußballen erst rechts, dann links schnell je einen Schritt in Richtung **L** gehen, dabei eine 360-Grad-Linksdrehung ausführen

b) **Juchum-sŏgi**

c) Rechts **Kŭn-dolchŏgwi** in Richtung **L**

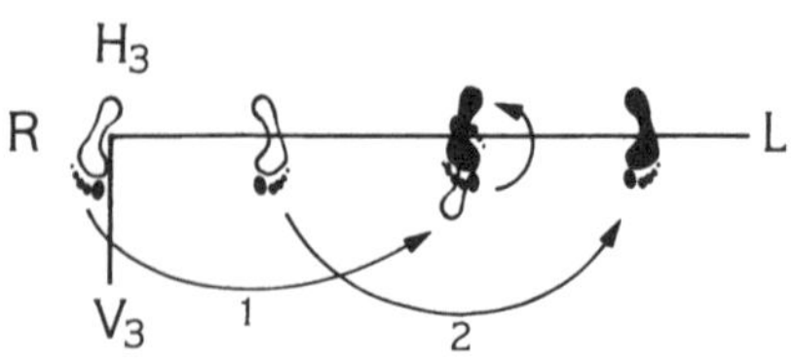

27 c ➤

G

Gŭman

a) Den linken Fuß heranziehen, den Blick in Richtung **V 1** wenden
b) **Pyŏnhi-sŏgi**
c) **Gibon-junbi**

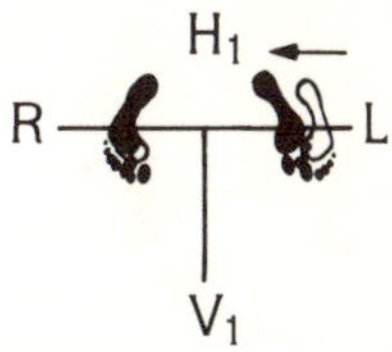

Taebaek

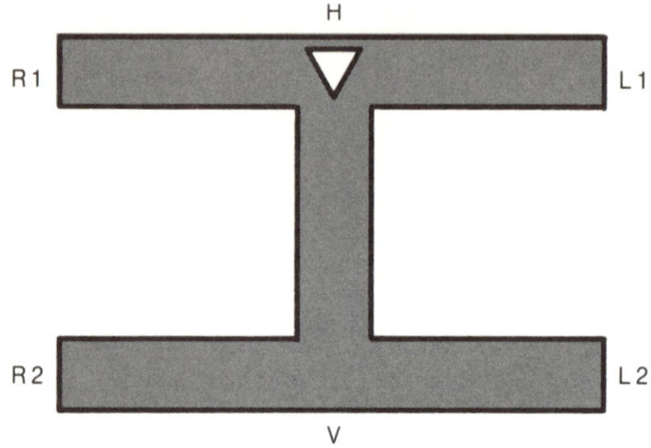

Eine alte Sage erzählt von der Entstehung Koreas im *Taebaek* Gebirge, welches entlang der Ostküste Koreas verläuft. Bereits die Kleinsten in der Schule erfahren, daß *Tangun*, der erste König Koreas, seinen Staat auf dem Berg *Taebaek* gegründet hat. Dieser erhabenste Berg des *Taebaek* Massivs heißt heute Baekdu und wird noch immer von den Koreanern als ihr Landessymbol verehrt.

Die Strenge und Entschlossenheit, mit denen *Tangun* bei der Gründung Koreas vorging, spiegeln sich in den genauen und schnellen Bewegungen der *Taebaek*-Poomse wider. Die ineinanderfließenden Bewegungen sollen die homogene Entwicklung des koreanischen Volkes demonstrieren.

Techniken zu Taebaek

Sonnal-arae-hechyŏ-makki

Die Ausführung des *Sonnal-arae-hechyŏ-makki* entspricht der von *Arae-hechyŏ-makki*, bei dem zwei Unterleibsblöcke mit den Handkanten seitlich vom Körper ausgeführt werden.

1 ▼

2

1 ➤

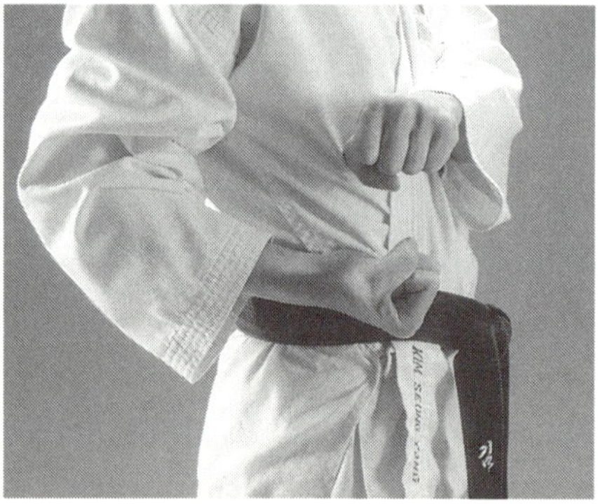

2 ➤

3

Kŭmgang-momtong-makki

Kŭmgang-momtong-makki ist ein zweiarmiger Block, bei dem der eine Arm *Ŏlgul-makki*, der andere Arm *Bakkat-momtong-makki* ausführt. Der Block beginnt mit beiden Fäusten an der Hüfte, deren Arm den *Ŏlgul-makki* ausführt. Die Faust des Armes, der *Momtong-makki* ausführt, beginnt dabei über der in Bereitschaftsstellung liegenden Faust des Armes, der *Ŏlgul-makki* ausführen soll. Ansonsten entsprechen die Abwehrbewegungen der beiden Arme denen der entsprechenden Abwehren.

3 Von vorne

1 ➤

2

Jagŭn-dolchŏgwi

Jagŭn-dolchŏgwi (Kleines Scharnier) ist eine formelle Übereinanderlegung der Fäuste, wobei die eine in der Bereitschaftsstellung für einen Fauststoß mit dem Faustrücken nach unten an der Hüfte ruht, während die andere Faust mit dem Handrücken nach vorne über sie gebracht wird. Dies ist vor allem die Ausgangsstellung für verschiedene Techniken, die mit beiden Armen gleichzeitig ausgeführt werden.

1 ➤

2

Yŏp-chagi mit Jirŭgi

Der *Yŏp-chagi* mit *Jirŭgi* ist ein Seitwärtstritt, bei dem Faust und Trittbein der gleichen Körperseite zusammen zur selben Zeit stoßen. Während der Trittfuß am Knie des Standbeins beginnt, startet die Stoßfaust an der gegenüberliegenden Hüfte aus dem *Jagŭn-dolchŏgwi* und wird von da aus in dieselbe Richtung wie der Fuß gestoßen.

J

1 ➤

Junbi

a) Den linken Fuß zur Seite stellen mit Blickrichtung **V**
b) **Pyŏnhi-sŏgi**
c) **Gibon-junbi**

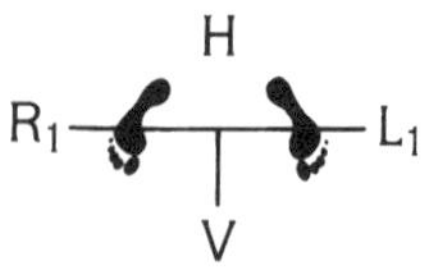

1

a) Den Körper in Richtung **L1** drehen
b) Links **Bŏm-sŏgi**
c) **Sonnal-arae-hechyŏ-makki**

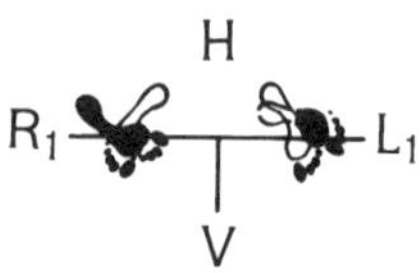

2a ➤

2b ⮟

2

a) Rechts **Ap-chagi** treten und in Richtung **L1** absetzen

b) Rechts **Ap-gubi**

c) **Momtong-dubŏn-jirŭgi** (erst rechts, dann links stoßen)

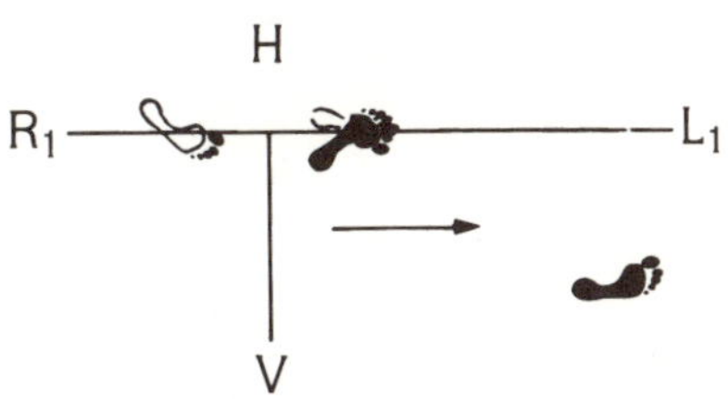

2c

1 ➤

2 ➤

3 ➤

4 ➤

Anwendungsbeispiel der Bewegungen
1 und 2 (1-7)

7

5 ➤

6 ⮝

4c

4b ➤

4a ➤

4

a) Links **Ap-chagi** treten und in Richtung **R1** absetzen
b) Links **Ap-gubi**
c) **Momtong-dubŏn-jirŭgi** (erst links, dann rechts stoßen)

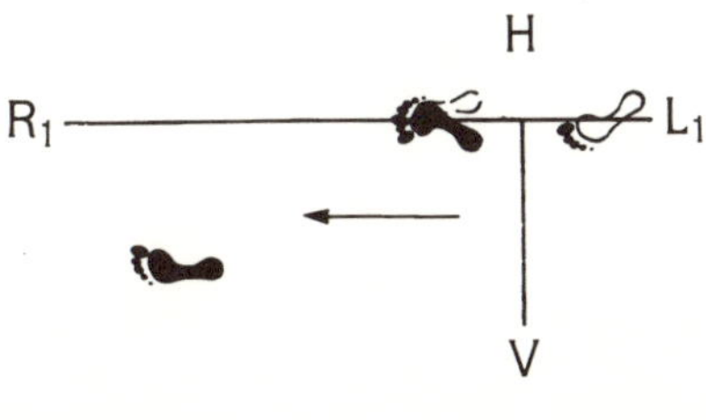

3 ➤

3

a) Auf dem linken Fuß rechtsherum wenden, den rechten Fuß in Richtung **R1** setzen
b) Rechts **Bŏm-sŏgi**
c) **Sonnal-arae-hechyŏ-makki**

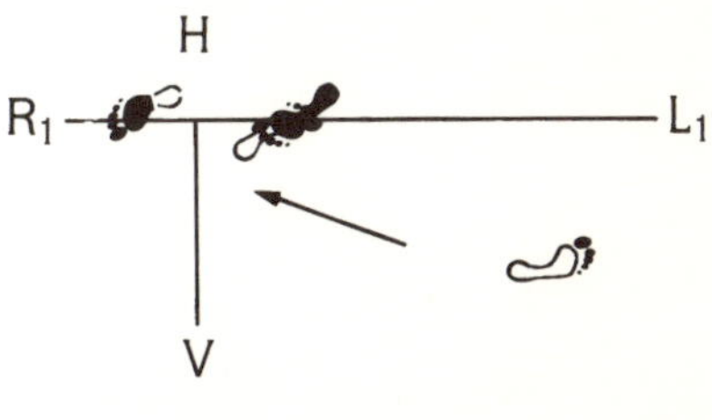

5 ➤

6a ➤

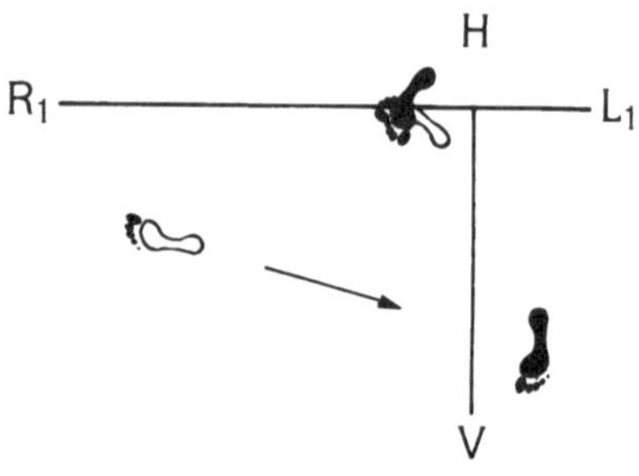

5

a) Auf dem rechten Fuß nach links drehen, den linken Fuß in Richtung **V** setzen

b) Links **Ap-gubi**

c) **Jebipum-sonnal-mokchigi**

Vergrößerung von 6 a

6b ➤

6c

6

a) Die rechte Hand mit der Handfläche langsam nach unten bringen, dann schnell rechts in Richtung **V** vorgehen

b) Rechts **Ap-gubi**

c) **Momtong-baro-jirŭgi**

Vergrößerung von 6b

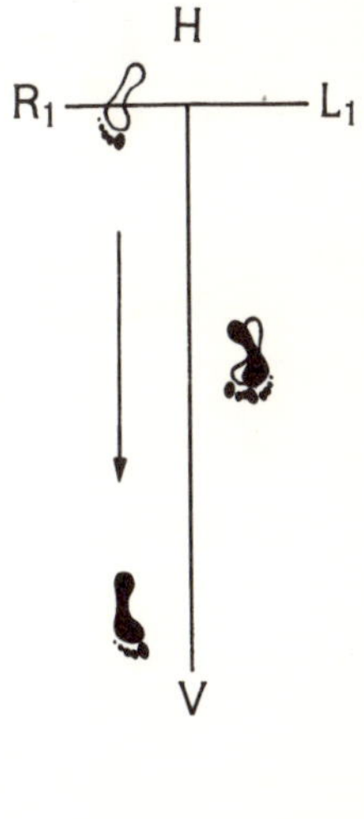

7

a) Die linke Hand strecken, mit der Handfläche langsam nach außen herunterziehen, dann schnell links in Richtung **V** vorgehen

b) Links **Ap-gubi**

c) **Momtong-baro-jirūgi**

7a ➤

Mögliche Selbstverteidigung durch die Bewegungen 5 und 6 (1–3)

1 ➤

7b ➤

7c

2 ➤

3

9

a) Auf dem rechten Fuß linksherum drehen, und den linken Fuß in Richtung **R2** setzen
b) Rechts **Dwit-gubi**
c) **Kümgang-momtong-makki** (links **Bakkat-momtong-makki**)

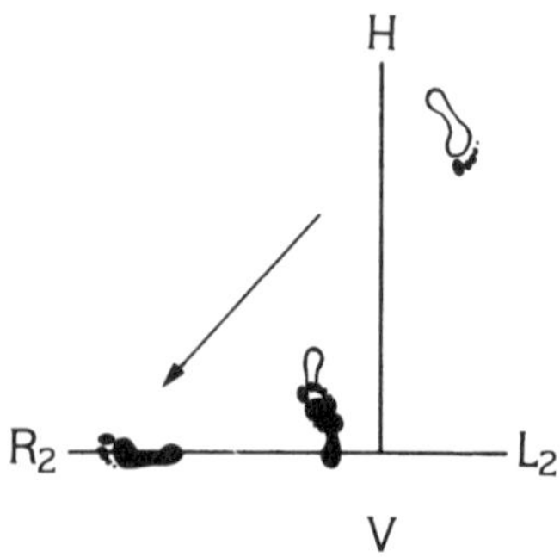

9

8a ➤

8b ➤

8

a) Die rechte Hand strecken, mit der Handfläche langsam nach außen herunterziehen, dann schnell rechts in Richtung **V** vorgehen.

b) Rechts **Ap-gubi**

c) **Momtong-baro-jirŭgi** – mit **Gihap**

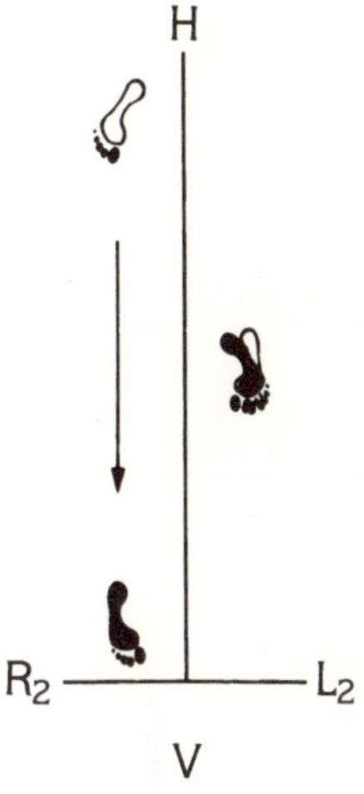

11 b

11 a ➤

Ablauf der Bewegung 10 (1–4) aus Richtung **H**

1 ➤

2 ➤

10 ➤

10

a) Die Füße bewegen sich nicht von der Stelle
b) Rechts **Dwit-gubi**
c) Rechts **Jumŏk-dangyŏ-tŏk-jirŭgi** in Richtung **R2**

11

a) Die Füße bewegen sich nicht von der Stelle
b) Rechts **Dwit-gubi**
c) Links **Yŏp-jirŭgi**

3 ➤

4

13 b

13 a ➤

13

a) Links **Yŏp-chagi** in Richtung **R2** treten und absetzen
b) Links **Ap-gubi**
c) Rechts **Palkup-pyojŏk-chigi** (die Bewegungen 10 bis 13 in schneller Folge)

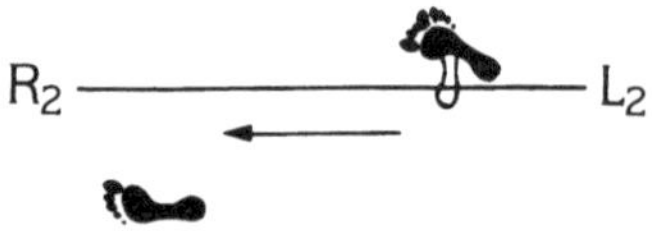

12 ➤

12 Aus Richtung **H**

12

a) Den linken Fuß zum Knie des rechten Beins hochziehen, die linke Faust auf die rechte Seite über die rechte Faust bringen
b) Rechts **Hakdari-sŏgi**
c) **Jagŭn-dolchŏgwi**

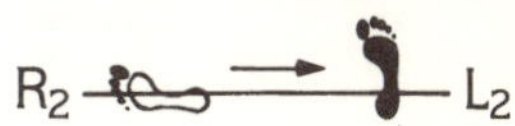

1 ➤

2 ➤

Mögliche Anwendung der Bewegungen
9 bis 13 (1–8)

3 ➤

4 ➤

8

7 ⮝

5 ➤

6 ⮝

14 a ➤

14 b ➤

14

a) Den Körper nach rechts drehen, den linken Fuß zu **Moa-sŏgi** zum rechten ziehen. Dann den rechten Fuß in Richtung **L2** setzen

b) Links **Dwit-gubi**

c) **Kŭmgang-momtong-makki** (rechts **Bakkat-momtong-makki**)

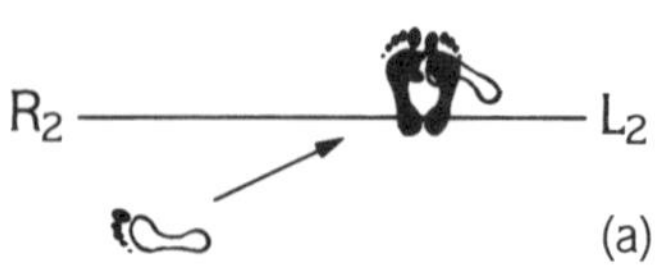

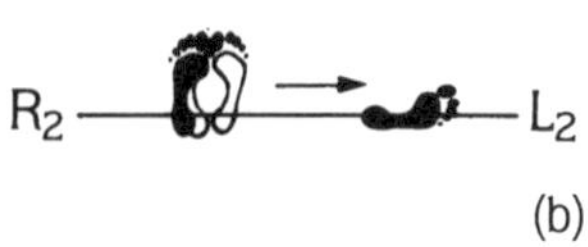

15

a) Die Füße bewegen sich nicht von der Stelle

b) Links **Dwit-gubi**

c) Links **Jumŏk-dangyŏ-tŏk-jirŭgi** in Richtung **L2**

15 ➤

16 a ⮟

16

a) Die Füße bewegen sich nicht von der Stelle
b) Links **Dwit-gubi**
c) Rechts **Yŏp-jirŭgi**

16 b

17

a) Den rechten Fuß zum Knie des linken Beins hochziehen, jetzt die rechte Faust auf die linke Seite über die linke Faust bringen
b) Links **Hakdari-sŏgi**
c) **Jagŭn-dolchŏgwi**

17 ➤

17 Aus Richtung **H**

18 a ➤

18 b

18

a) Links **Yŏp-chagi** in Richtung **L2** treten und absetzen

b) Rechts **Ap-gubi**

c) Links **Palkup-pyojŏk-chigi** (die Bewegungen 15 bis 18 in schneller Aufeinanderfolge)

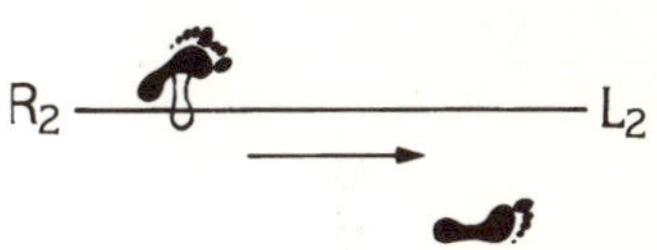

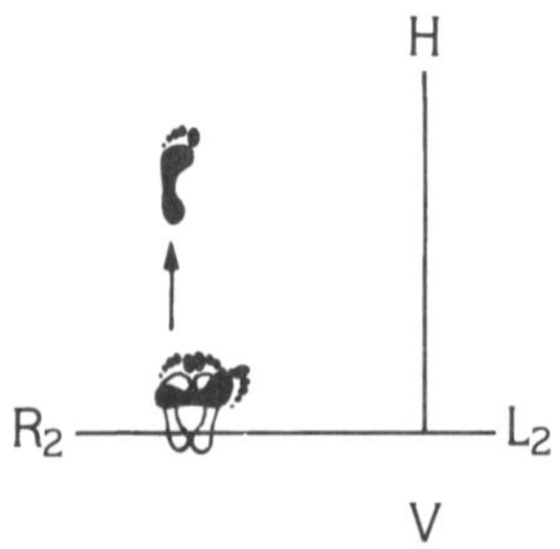

19 b

19 b Aus Richtung **H**

19 a ➤

19 a ➤ Aus Richtung **H**

19

a) Den rechten Fuß an den linken heranziehen, dann weiter links in Richtung **H** vorgehen

b) Rechts **Dwit-gubi**

c) Links **Sonnal-momtong-makki**

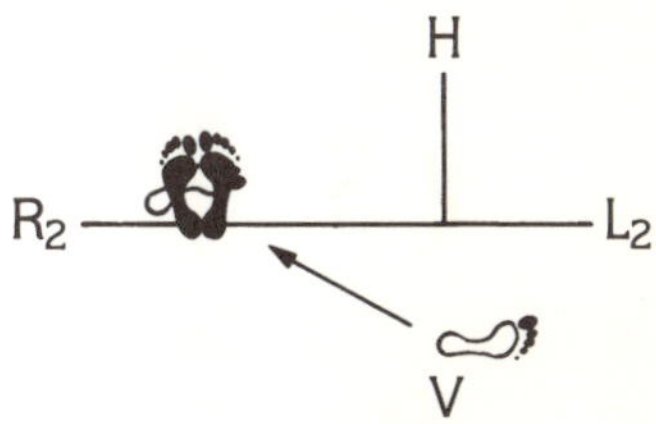

20

a) Rechts in Richtung **H** vorgehen
b) Rechts **Ap-gubi**
c) Rechts **Pyŏnsonkŭt-chirŭgi**

20

20 Aus Richtung **H**

Selbstverteidigungsmöglichkeit zu den Bewegungen 20 und 21 (1–4)

2 ▼

1 ◄

3 ►

4

21

a) Auf dem rechten Fuß den Körper nach links drehen, dabei den linken Fuß nach außen verstellen. Gleichzeitig wird die rechte offene Hand nach innen gedreht und mit dem Handrücken zum Körper gezogen. Sofort anschließend sich linksherum weiterdrehen und den linken Fuß in Richtung **H** absetzen, so daß eine Drehung von 180 Grad ausgeführt wird

b) Rechts **Dwit-gubi**

c) Links **Dũng-jumŏk-ŏlgul-bakkat-chigi** (Der Ellenbogen ist etwas angewinkelt)

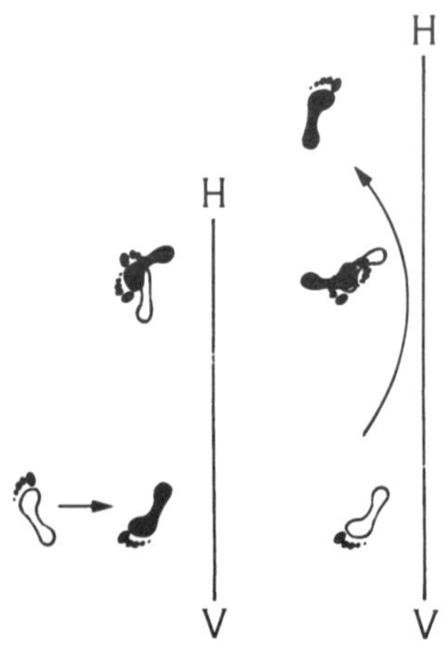

(a) (b)

21 a ➤

21 a ➤ Aus Richtung **H**

21 b ➤

21 c

21 b ➤ Aus Richtung **H**

21 c Aus Richtung **H**

22

a) Rechts in Richtung **H** vorgehen
b) Rechts **Ap-gubi**
c) Rechts **Momtong-bandae-jirŭgi** – mit **Gihap**

22 ➤

22 Aus Richtung **H**

23

23

a) Auf dem rechten Fuß linksherum drehen, und den linken Fuß in Richtung **L1** setzen

b) Links **Ap-gubi**

c) **Gawi-makki** (mit links **Arae-makki**)

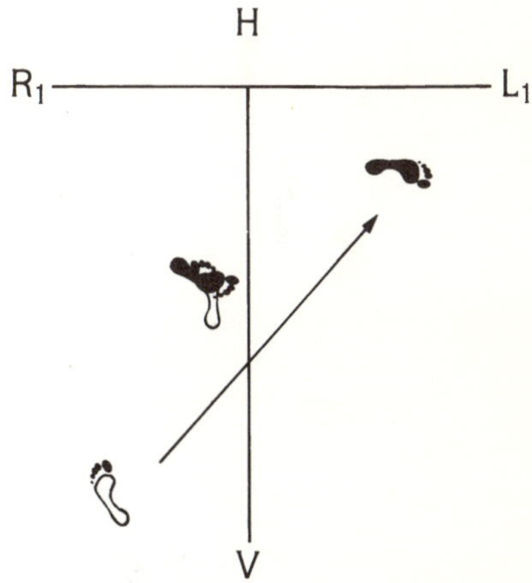

24 a ➤

24

a) Rechts **Ap-chagi** in Richtung **L1** treten und absetzen
b) Rechts **Ap-gubi**
c) **Momtong-dubŏn-jirŭgi** (erst rechts, dann links stoßen)

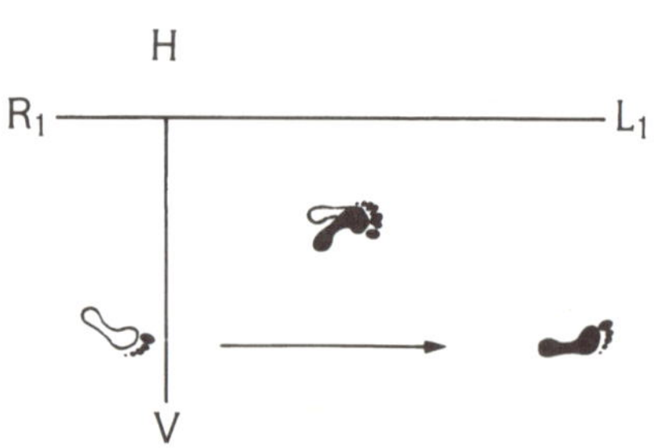

24 b ➤

24 c ⮟

25

a) Auf dem linken Fuß rechtsherum drehen, den rechten Fuß in Richtung **R1** setzen

b) Rechts **Ap-gubi**

c) **Gawi-makki** (mit rechts **Arae-makki** durchführen)

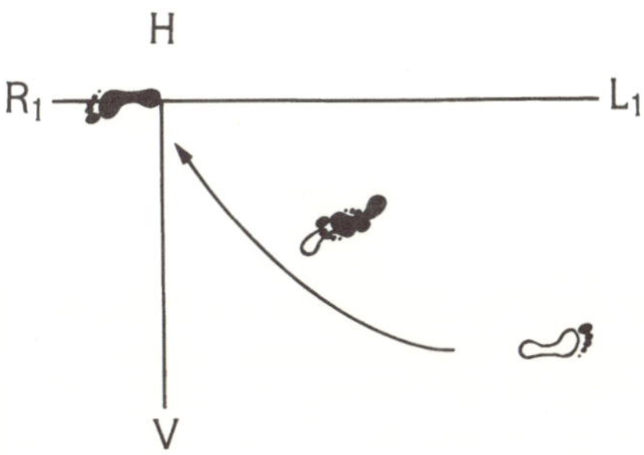

25

G

26 c ➤

Gŭman

a) Den linken Fuß linksherum zurückziehen, bis das Gesicht in Richtung **V** zeigt
b) **Pyŏnhi-sŏgi**
c) **Gibon-junbi**

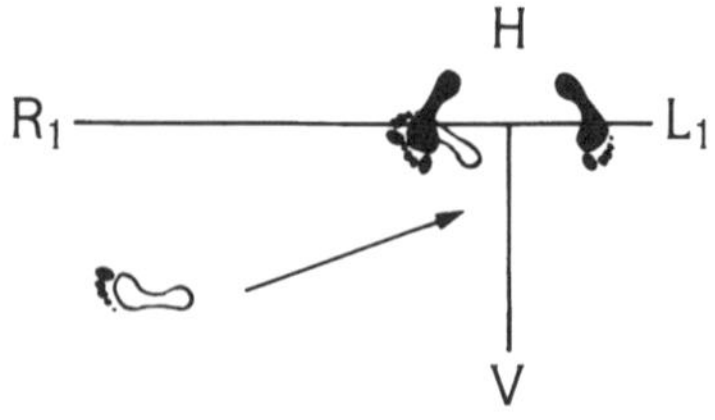

26 b ➤

26 a ➤

26

a) Links **Ap-chagi** in Richtung **R 1** treten und absetzen
b) Links **Ap-gubi**
c) **Momtong-dubŏn-jirŭgi** (erst links, dann rechts stoßen)

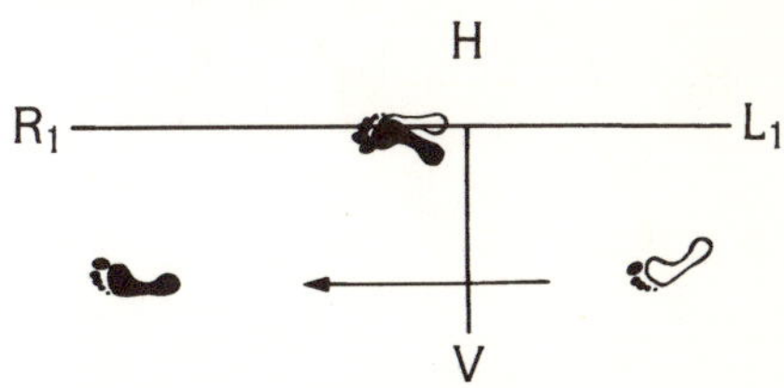

Pyŏngwŏn

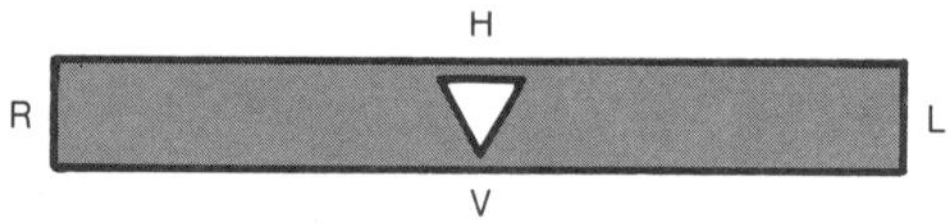

Weite und fruchtbare Ebenen geben dem Menschen Nahrung und Lebensraum. In der Ebene – *Pyŏngwŏn* – gedeiht alles in großer Fülle, weshalb der Mensch dort besonders gut leben und fortdauern kann.

Der Anblick einer großen, offenen Ebene erfüllt uns mit Zuversicht. Die endlose Weite vermittelt dem Betrachter das Gefühl majestätischer Freiheit und Erhabenheit – ein Gefühl, das sich von dem im Gebirge oder auf See unterscheidet.

Die Gradlinigkeit des Diagramms und die vielfältigen Bewegungen der *Pyŏngwŏn*-Poomse versinnbildlichen die Weite und die Fruchtbarkeit der Ebene. Die Beherrschung des absoluten Gleichgewichts nach der Ausführung der beiden *Momdolyŏ-yŏp-chagi* symbolisiert die Sicherheit, welche die Ebene unserem Leben gibt.

Techniken zu Pyŏngwŏn

1 ➤

2

Gyŏpson-junbi

Gyŏpson-junbi ist eine *Junbi*-Stellung, bei der die Handfläche der linken Hand vor dem Unterleib auf dem Handrücken der rechten Hand liegt. Die Entfernung der Hände zum Körper beträgt etwa eine Faustbreite. Die übereinanderliegenden Fingerspitzen weisen zum Boden, wobei die Arme nicht angespannt werden. Die *Junbi*- und *Gŭman*-Bewegungen entsprechen der von *Gibon-junbi*.

Die offenen Hände dokumentieren besonders gut die Friedfertigkeit des Ausführenden, da man in offenen Händen keine Waffen tragen kann.

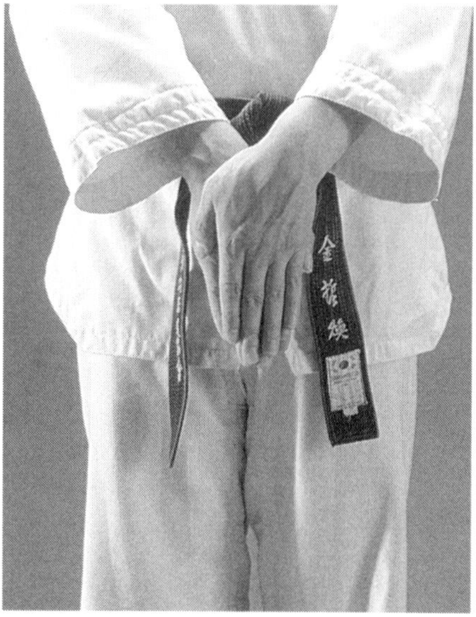

Haltung der Hände in Gyŏpson

Hechyŏ-santŭl-makki

Wie der Name schon sagt, gleicht die Bewegung des *Santŭl-makki* der üblichen *Anpalmok-hechyŏ-makki*, nur das Endergebnis ist anders.

Bei *Hechyŏ-santŭl-makki* werden zwei seitliche, zum Kopf gezielte Angriffe beidarmig und gleichzeitig hinter den Körper abgelenkt.

1

2

Palkup-ollyŏ-chigi

Palkup-ollyŏ-chigi (Ellenbogen-Aufwärtsschlag) führt den gebeugten Arm aus der Faust-Ruhestellung an der Hüfte direkt nach vorne, bis der Ellenbogen sich etwa in Augenhöhe befindet. Der Unterarm ist hierbei bis zum Anschlag zum Oberarm gebeugt und befindet sich in seiner Endstellung waagerecht über diesem.

Der Faustrücken wird bei der Ausführung nach außen gedreht. Die Schulter kann etwas vorgeschoben werden, um die Reichweite zu erhöhen.

1 ➤

1 ➤ Von vorne

2 ➤

2 Von vorne

Gŏdŭrŏ-ŏlgul-makki

Gŏdŭrŏ-ŏlgul-makki wird im Prinzip genauso ausgeführt wie der *Gŏdŭrŏ-makki*, der ja bekanntlich für die *Momtong*-Ausführung steht. Lediglich der Ansatz des Blockarms liegt etwas höher – etwa in Höhe der Schulter, und der Faustrücken des Stützarms ist nach oben gerichtet.

1 ➤

1 ➤ Seitenansicht

2 ➤

3

2 ➤ Seitenansicht

3 Seitenansicht

4

3 ➤

Momdolyŏ-yŏp-chagi

Wenn ein Tritt mit einer rückwärtigen Drehung und dem hinteren Bein ausgeführt wird, wird er in der Regel *Momdolyŏ-chagi* genannt. Auch *Momdolmyŏ* und *Dwidolyŏ* ist häufig in Gebrauch.

Beim *Momdolyŏ-yŏp-chagi* handelt es sich um einen körpergedrehten Seitwärtstritt, wobei der Tritt mit dem hinteren Bein nach einer Rückwärtsdrehung des Körpers erfolgt. Gedreht wird auf dem Fußballen des vorderen Fußes, ohne Zwischenstops. Das hintere Bein starten und auf dem Fußballen drehen ist eine einzige Bewegung, die zu keiner Zeit unterbrochen wird. Außerdem wird die Ferse des Vorderfußes nicht vor dem Tritt in die Trittrichtung gedreht, sondern sie dreht sich, der Bewegung folgend, automatisch dorthin.

2 ➤

1 ➤

Der *Yŏp-chagi* selber wird vom Standplatz des Trittfußes in einer möglichst geraden Linie zum Ziel geführt. Zu diesem Zweck beschreibt das Knie einen leichten Außenbogen. Um eine möglichst gerade Bahn des Fußes zu ermöglichen und um mehr Schnellkraft zu erhalten, wird das Knie auf seinem Weg erst gebeugt und dann gleich wieder gestreckt.

Die Ausführung des *Momdolyŏ-yŏp-chagi* verlangt absolutes Gleichgewicht. Auch nach dem schnellsten Tritt heißt es, mit dem ausgestreckten Bein noch stehen bleiben können ohne zusätzlicher unerwünschter Bewegungen. Erst danach wird das Bein wieder gebeugt. Ansonsten ist die Endstellung wie beim grundschulmäßigen *Yŏp-chagi*.

J

1 ➤

Junbi

a) Mit dem Gesicht in Richtung **V** stehen
b) **Moa-sŏgi**
c) **Gyŏpson-junbi**

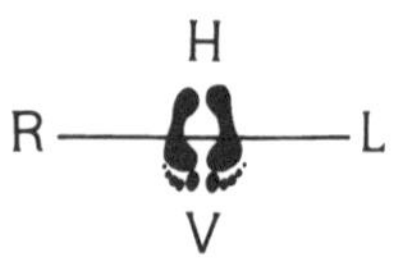

1

a) Den linken Fuß zur Seite stellen, die Hände langsam zu den Seiten des Körpers führen
b) **Pyŏnhi-sŏgi**
c) **Sonnal-arae-hechyŏ-makki** (langsam, aber kraftvoll)

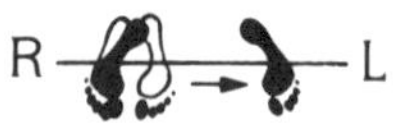

2a ➤

2b

2

a) Die Füße bewegen sich nicht von der Stelle, die Hände werden mit dem Körper zugewandten Handflächen dicht vor dem Oberkörper langsam in Halshöhe geführt, wo sie einander zugedreht und dann nach vorne gestoßen werden
b) **Pyŏnhi-sŏgi**
c) **Tongmilgi** (langsam, aber kraftvoll)

3b ➤

3a ➤

4a ➤

4b ➤

3

a) Den rechten Fuß in Richtung **R** versetzen
b) Links **Dwit-gubi**
c) Rechts **Hansonnal-arae-makki**

5

4

a) Auf der Stelle in Richtung **L** wenden
b) Rechts **Dwit-gubi**
c) Links **Hansonnal-momtong-makki**

5

a) Links in Richtung **L** vorgleiten
b) Links **Ap-gubi**
c) Rechts **Palkup-ollyŏ-chigi**

Mögliche Anwendungen der Bewegungen 4 und 5 (1–3)

1

2

3

6a ➤

6b ➤

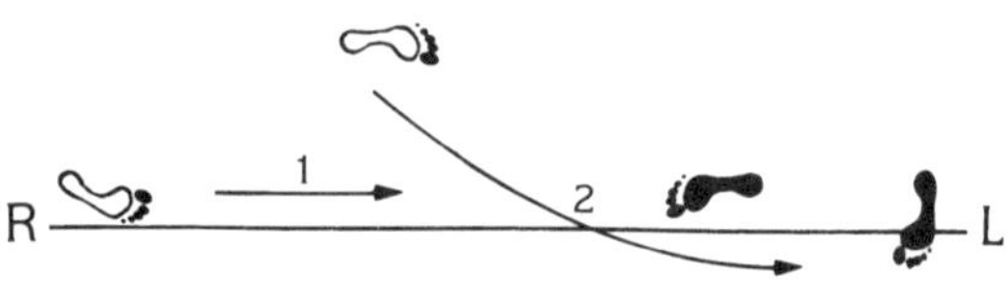

6c ➤

6d ▼

6

a) Rechts **Ap-chagi** in Richtung **L** treten und absetzen. Anschließend (ohne die Bewegung zu unterbrechen) auf dem Ballen des rechten Fußes linksherum drehen, links **Momdolyŏ-yŏp-chagi** in Richtung **L** treten und absetzen
b) Links **Dwit-gubi** in Richtung **R**
c) Rechts **Sonnal-momtong-makki**

6c

7a ➤

7b ➤

7

a) Die Füße bewegen sich nicht von der Stelle
b) Links **Dwit-gubi**
c) Rechts **Sonnal-arae-makki** (dazu in einer nach oben rückwärtsführenden Kreisbewegung die Hände über den Kopf heben, ohne Unterbrechung den Kreis abwärts vollenden und den Block ausführen)

7c ➤

7d ⮟

8

a) Die Zehen des rechten Fußes einwärtsdrehen. Beide Hände in einer Halbkreisbewegung in die Richtung der linken Schulter führen

b) **Juchum-sŏgi** (die Frontseite des Körpers zeigt in Richtung **V**)

c) Rechts **Gŏdŭrŏ-ŏlgul-yŏp-makki** in Richtung **R** ausführen

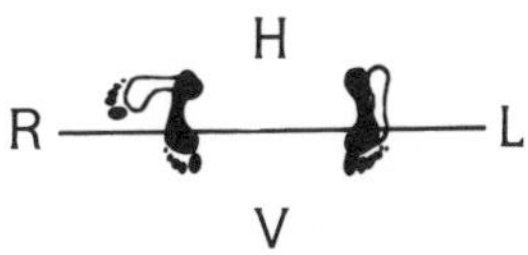

8

9a ➤

9b ➤

Anwendung der Bewegungen 6c bis 8 (1–4)

1 ➤

2 ➤

9c

9

a) Den rechten Fuß schnell heben und damit aufstampfen. Gleichzeitig den linken Arm mit offener Hand nach vorne strecken, greifen und heranziehen
b) **Juchum-sŏgi**
c) Rechts **Dŭng-jumŏk-dangyŏ-tŏk-chigi** in Richtung **V** – mit **Gihap**

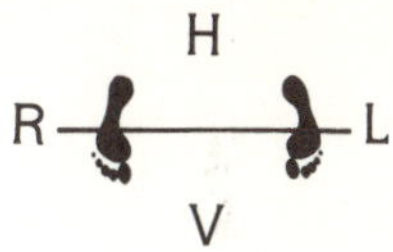

3➤

4

12 a ⮟

11 b ⮜

12 b

12

a) Den rechten Fuß in Richtung **R** setzen
b) **Juchum-sŏgi**
c) **Hechyŏ-santŭl-makki** mit Blickrichtung **V**

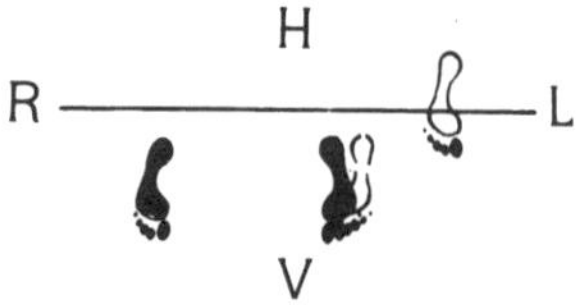

11 a ➤

11

a) Der linke Fuß überkreuzt vorne den rechten in Richtung **R**
b) Links **Ap-koa-sŏgi**
c) **Monge-chigi** mit Blickrichtung **R**

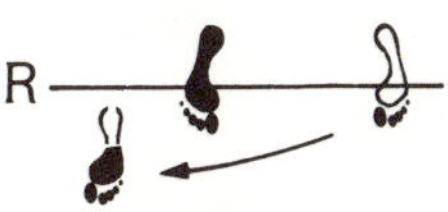

10 ➤

10

a) Die Füße bewegen sich nicht von der Stelle
b) **Juchum-sŏgi**
c) Links **Dŭng-jumŏk-dangyŏ-tŏkchi-gi** in Richtung **V** (die Bewegungen 9 und 10 in schneller Folge)

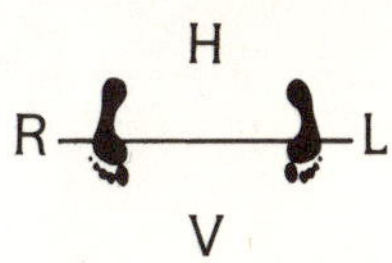

Selbstverteidigungsbeispiel zu 11 (1–2)

1 ▼

2

13 b

13 a

13

a) Den rechten Fuß zum Knie des linken Beins hochziehen

b) Links **Hakdari-sŏgi**

c) **Kŭmgang-makki** ausführen, anschließend die Fäuste zur linken Hüfte zu **Jagŭn-dolchŏgwi** führen

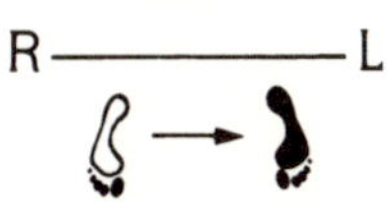

15 c ➤

15 b ➤

15 d

15

a) Links **Ap-chagi** in Richtung **R** treten und absetzen. Anschließend (ohne die Bewegung zu unterbrechen) auf dem Ballen des linken Fußes rechtsherum drehen, rechts **Momdolyŏ-yŏp-chagi** in Richtung **R** treten und absetzen

b) Rechts **Dwit-gubi** in Richtung **L**

c) Links **Sonnal-momtong-makki**

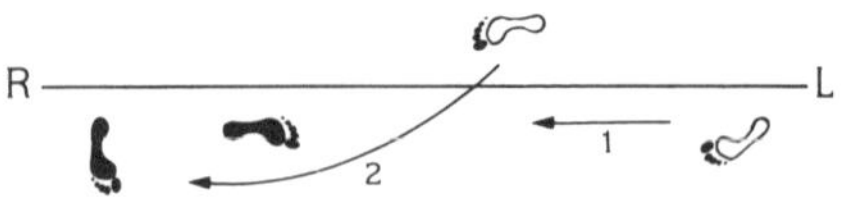

15 a ➤

14 b ➤

14

a) Rechts **Yŏp-chagi** in Richtung **R** treten und absetzen
b) Rechts **Ap-gubi**
c) Links **Palkup-ollyŏ-chigi**

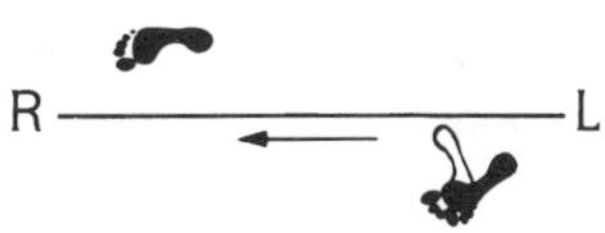

14 a ▲

16 d

16 c

17

17

a) Die Zehen des linken Fußes einwärtsdrehen. Beide Hände in einer Halbkreisbewegung in Richtung rechte Schulter führen

b) **Juchum-sŏgi** (die Frontseite des Körpers zeigt in Richtung **V**)

c) Links **Gŏdŭrŏ-ŏlgul-yŏp-makki** in Richtung **L** ausführen

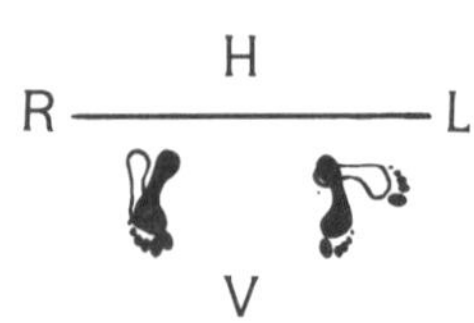

16 b

16 a

16

a) Die Füße bewegen sich nicht von der Stelle

b) Rechts **Dwit-gubi**

c) Links **Sonnal-arae-makki** (dazu in einer nach oben rückwärtsführenden Kreisbewegung die Hände über den Kopf heben, ohne Unterbrechung den Kreis abwärts vollenden und den Block ausführen)

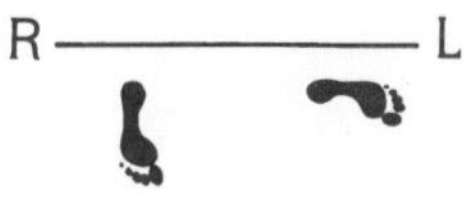

18 a ➤

18 b ➤

18

a) Den linken Fuß schnell heben und damit aufstampfen. Gleichzeitig den rechten Arm mit offener Hand nach vorn strecken, greifen und wieder heranziehen

b) **Juchum-sŏgi**

c) Links **Dŭng-jumŏk-dangyŏ-tŏkchigi** in Richtung **V** – mit **Gihap**

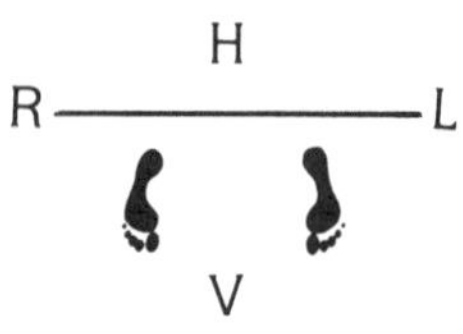

18 c ➤

19

19

a) Die Füße bewegen sich nicht von der Stelle
b) **Juchum-sŏgi**
c) Rechts **Dŭng-jumŏk-dangyŏ-tŏk-chigi** in Richtung **V** (die Bewegungen 18 und 19 in schneller Folge)

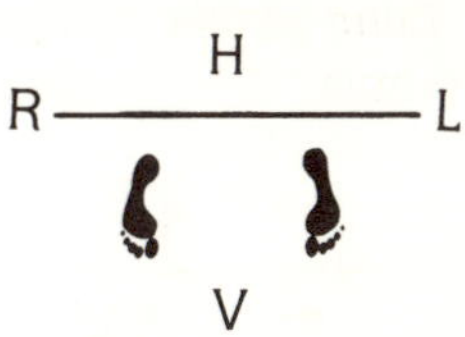

20 ➤

21 ➤

20

a) Der rechte Fuß überkreuzt vorne den linken in Richtung **L**
b) Rechts **Ap-koa-sŏgi**
c) **Monge-chigi** mit Blickrichtung **L**

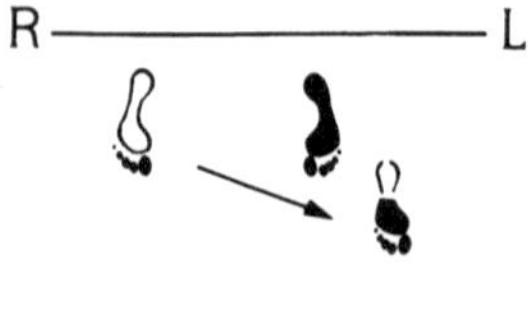

21

a) Den linken Fuß in Richtung **L** setzen
b) **Juchum-sŏgi**
c) **Hechyŏ-santŭl-makki** mit Blickrichtung **V**

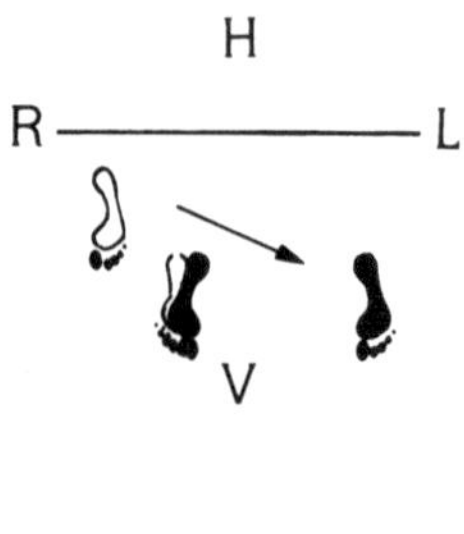

22a ➤

22b

22

a) Den linken Fuß zum Knie des rechten hochziehen
b) Rechts **Hakdari-sŏgi**
c) **Kŭmgang-makki** ausführen, anschließend die Fäuste zur rechten Hüfte zu **Jagŭn-dolchŏgwi** führen

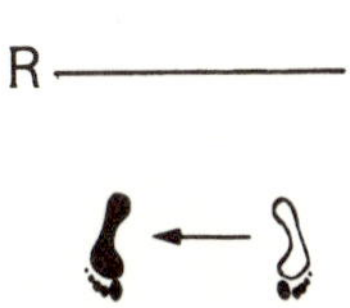

23 a ➤

23 b ➤

23

a) Links **Yŏp-chagi** in Richtung **L** treten und absetzen
b) Links **Ap-gubi**
c) Rechts **Palkup-pyojŏk-chigi** in Richtung **L**

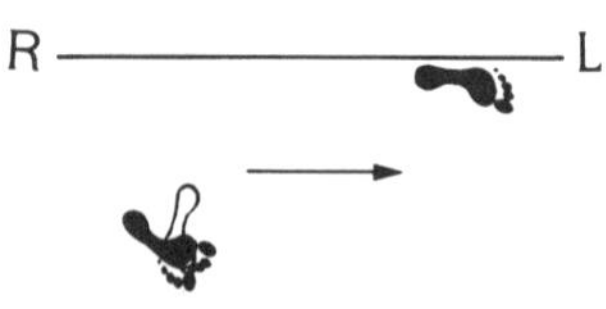

23 c ➤

G a ⮟

Gŭman

a) Den rechten Fuß zum linken heranziehen, dabei rechtsherum in Richtung **V** drehen
b) **Moa-sŏgi**
c) **Gyŏpson-junbi**

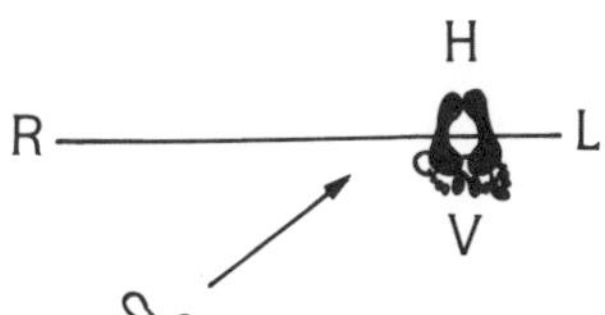

G b

Sipjin

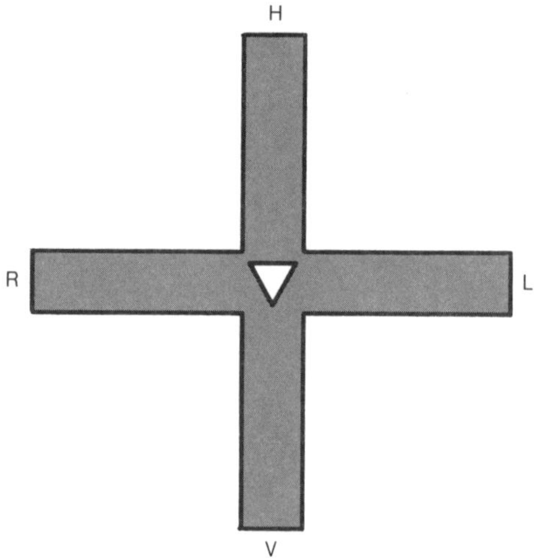

Die Ziffer Zehn, die Verkörperung des Dezimalsystems, entspricht der Zahl der menschlichen Finger, mit deren Hilfe schon immer der Anfang des Rechnens, der geregelten Ordnung gelehrt wurde. Die Zehn wird aber auch als Symbol für endlose Entwicklung und Wachstum angesehen, welche ohne eine geregelte Ordnung kaum wirkungsvoll zur Entfaltung kämen.

Die Eigenart der Poomse *Sipjin* liegt in höchstem Abwechslungsreichtum und der geordneten Disziplin des dezimalen Systems. In ihr entfaltet sich die bisherige Entwicklung des Übenden in der strengen Ordnung der vielfältigen Techniken. Die Poomse *Sipjin* verlangt absolute Genauigkeit. Das Diagramm dieser Bewegungsform entspricht dem chinesischen Zeichen für zehn.

Techniken zu Sipjin

Hwangso-makki

Bei der Abwehr *Hwangso-makki* (Kuhhornförmiger Block) werden die Fäuste beider Arme eng beieinander und dicht am Körper hochgerissen, bis sie sich etwa eine Handbreite vor und über dem Kopf befinden. Auch der Endabstand zwischen beiden Fäusten beträgt etwa eine Handbreite.

Wie beim *Santŭl-makki* werden beim *Hwanso-makki* gleich zwei Angriffe abgewehrt, die allerdings hier von vorne erfolgen.

Bakkat-palmok-santŭl-makki

Bakkat-palmok-santŭl-makki wird wie *Santŭl-hechyŏ-makki* ausgeführt, nur erfolgt hier die Abwehr mit den Außenseiten der Unterarme. (Siehe Abbildung Seite 153 (1 b)).

Batangson-gŏdŭrŏ-bakkat-makki

Bei diesem Block mit dem Innenunterarm wird der blockende Arm mit der Handfläche des anderen Arms unterstützt. Sie wird gegen den nach innen weisenden Außenunterarm gepreßt, wobei die Fingerspitzen am Handgelenk anliegen.

1 ➤

1 ➤

2 ➤

3

2 ➤

3 Von vorne

1 ➤

2

Pyŏnsonkŭt-ŏpŏ-chirŭgi

Der Fingerspitzenstoß mit der Handfläche nach unten wird in der Art von *Jumok-jirugi* ausgeführt, nur mit gestreckten Fingerspitzen.

Bawi-milgi

Bawi-milgi (Felsengriff, -stoß oder -schieben) ist ein Wegstoßen mit beiden Händen: Der Gegner wird mit beiden Handflächen weggestoßen.

Die Technik beginnt mit nach unten gerichteten offenen Händen an einer der Hüften. Die Finger sind geschlossen, aber der Daumen ist abgespreizt. Von der Hüfte aus wird nach vorn gestoßen, bis der Block bei gestreckten Armen in Gesichtshöhe und etwas seitlich gerichteten Handflächen endet.

1 ➤

2

1 ➤ Seitenansicht

2 Seitenansicht

Dŭrŏ-olligi

Dŭrŏ-olligi ist ein Aushebeblock, bei dem ein tretender Gegner durch das Anheben des Trittbeins aus dem Gleichgewicht gebracht wird. Zu diesem Zweck wird mit dem gestreckten Arm und dem Faustrücken nach vorne seitlich ausgeholt und der Arm in einem tiefen Kreisbogen vor dem Unterleib nach oben geführt. Der andere Arm wird zunächst nach vorne gestreckt und macht im Verlauf des Blocks die Gegenbewegung mit der Faust zur Hüfte.

Die Endstellung des Blockarms ist waagerecht in Höhe der Brustwarzen mit dem Handrücken nach vorne. Der Abstand zum Körper beträgt etwa anderthalb Handbreiten.

1 ➤

Dŭng-jumŏk-gŏdŭrŏ-ap-chigi

Der Bewegungsablauf ähnelt dem *Gŏdŭrŏ-makki*, nur daß die Schlagfaust wie beim *Dŭng-jumŏk-chigi* geführt wird.

1 ➤

2 ➤

3

2

Chettari-jirŭgi

Der gleichzeitige Stoß beider Fäuste wird *Chettari-jirŭgi* genannt.

Die Technik beginnt mit *Jagŭn-dolchŏgwi* an einer Hüfte. Von dort werden beide Fäuste nach vorne gestoßen, wobei die an der Hüfte obenliegende Faust weiter vorne endet als die andere. Beide Fäuste haben in der Bewegungsform die gleiche Höhe.

1 ➤

1 ➤ Von vorne

2 ➤

3

2 ➤ Von vorne

3 Von vorne

1 ➤

2

Sonnal-ŏtgŏrŏ-arae-makki

Sonnal-ŏtgŏrŏ-arae-makki entspricht in der Ausführung dem bereits beschriebenen *Ŏtgŏrŏ-makki*. Hier wird allerdings mit den Handkanten abgewehrt.

1 ➤

Sonnaldŭng-makki

Sonnaldŭng-makki ist das Gegenstück zu *Sonnal-makki*. Selbst die Ausholbewegung ist identisch, lediglich die Handfläche des Blockarms ist dabei anfangs nach unten gerichtet, die des stützenden Arms nach oben. Am Ende der Bewegungsform wird mit der inneren Handkante, beziehungsweise mit dem Handkantenrücken (genauer: Messerhandrücken) abgewehrt.

Die von hinten geführte Stützhand ist am Ende mit der Handfläche nach unten gedreht und befindet sich schließlich mit dem Handgelenk am Solarplexus.

3 Von vorne

2 ➤

3

J

1 a ➤

Junbi

a) Mit dem Gesicht in Richtung **V** den linken Fuß zur Seite stellen
b) **Pyŏnhi-sŏgi**
c) **Gibon-junbi**

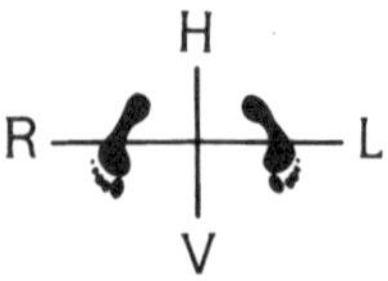

1

a) Die Füße bewegen sich nicht von der Stelle
b) **Pyŏnhi-sŏgi**
c) Beide Arme gleichzeitig und mit großer Kraft zu **Hwangso-makki** hochreißen. Direkt im Anschluß daran, und ohne weitere Ausholbewegung, **Bakkat-palmok-santŭl-makki** ausführen und schnell zur nächsten Bewegung übergehen

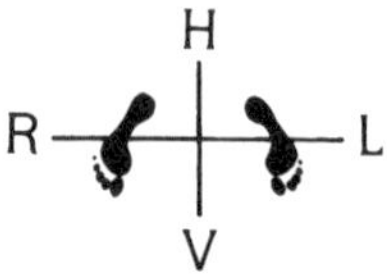

1b ➤

2a ⮟

2

a) Der linke Fuß gleitet nach **L**
b) Rechts **Dwit-gubi**
c) Links **Batangson-gŏdŭrŏ-momtong-makki**

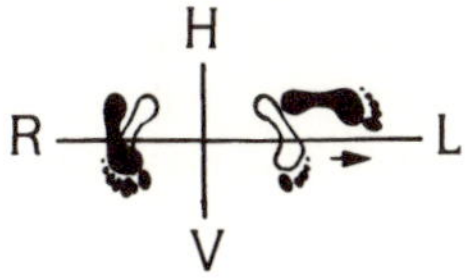

Die Bewegungen 1b und 2a gehen schnell ineinander über

2b

Anwendungsmöglichkeit der Bewegung 1 (1–4)

1 ➤

2 ➤

4

3 ⮝

3a ➤

3b ➤

3

a) Der linke Fuß gleitet langsam vor in Richtung **L**. Dabei streckt sich der linke Arm und dreht sich mit der sich öffnenden Handfläche nach unten, während die andere Handfläche über den Handrücken streift
b) Links **Ap-gubi**
c) Rechts **Pyŏnsonkŭt-ŏpŏ-chirŭgi**

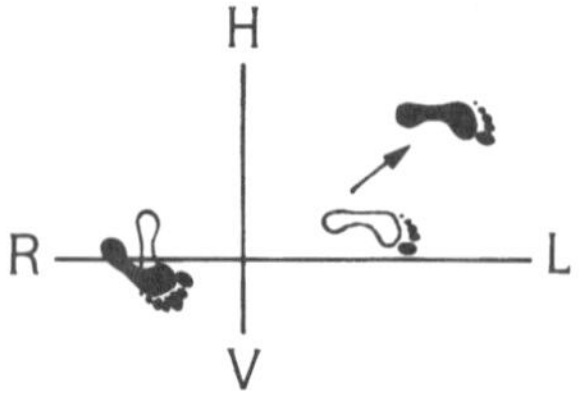

1 ➤ Beispiel zur Bewegung 3 (1–3)

4a ➤

4b ➤

4

a) Die Füße bewegen sich nicht von der Stelle
b) Links **Ap-gubi**
c) **Momtong-dubŏn-jirugi** (erst links, dann rechts stoßen)

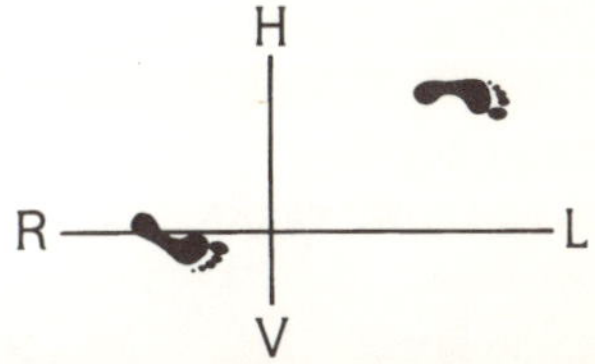

2 ➤

3

5a ➤

5b ➤

5

a) Rechts in Richtung **L** vorgehen

b) **Juchum-sŏgi**

c) **Hechyŏ-santŭl-makki**

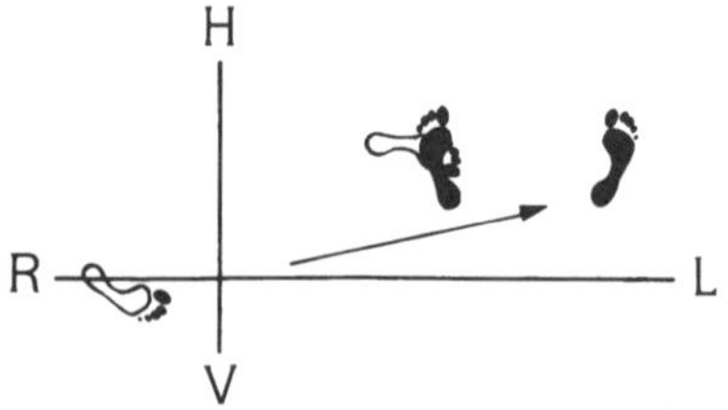

6a ➤

6b

6

a) Mit dem linken Fuß den rechten vorne überkreuzen, den rechten Fuß anschließend in Richtung **L** absetzen

b) **Juchum-sŏgi**

c) Rechts **Yŏp-jirŭgi** in Richtung **L** – mit **Gihap**

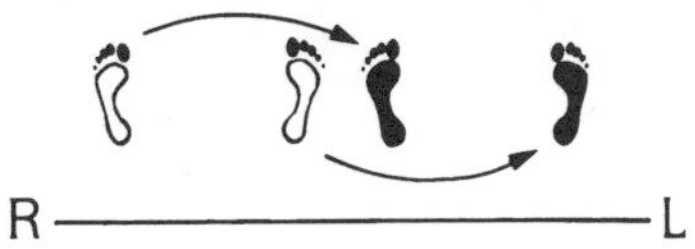

8b

8a ➤

8

a) Den linken Fuß zum rechten zu **Moa-sŏgi** heranziehen, dann den rechten Fuß in Richtung **R** setzen
b) Links **Dwit-gubi**
c) Rechts **Batangson-gŏdŭrŏ-makki**

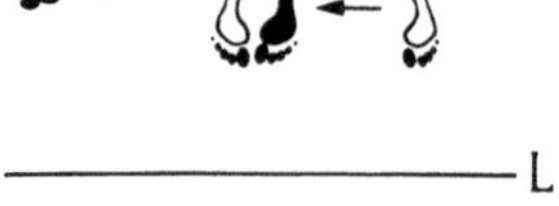

7b ➤

7a ➤

7

a) Den Körper auf dem linken Fuß um 180 Grad linksherum drehen, dabei den rechten Fuß in Richtung **R** setzen

b) **Juchum-sŏgi**

c) **Mŏnge-chigi**

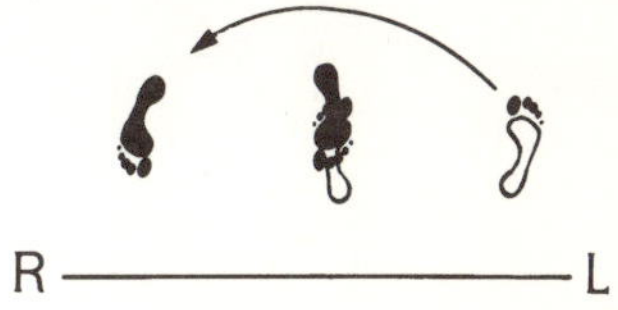

10 b

10 a ➤

10

a) Die Füße bewegen sich nicht von der Stelle
b) Rechts **Ap-gubi**
c) **Momtong-dubŏn-jirŭgi** (erst rechts, dann links stoßen)

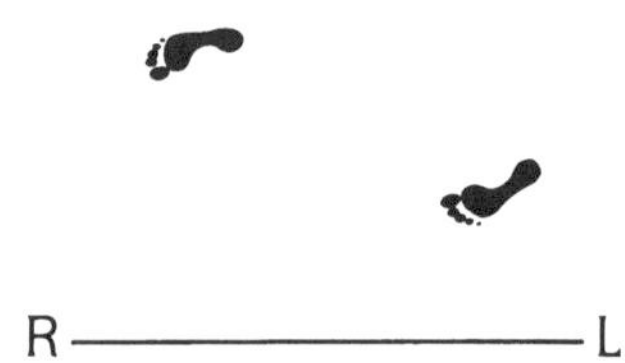

9b ➤

9a ➤

9

a) Der rechte Fuß gleitet langsam vor in Richtung **R**. Dabei streckt sich der rechte Arm und dreht sich mit der sich öffnenden Handfläche nach unten, während die andere Handfläche über den Handrücken streift
b) Rechts **Ap-gubi**
c) Links **Pyŏnsonkŭt-ŏpŏ-chirŭgi**

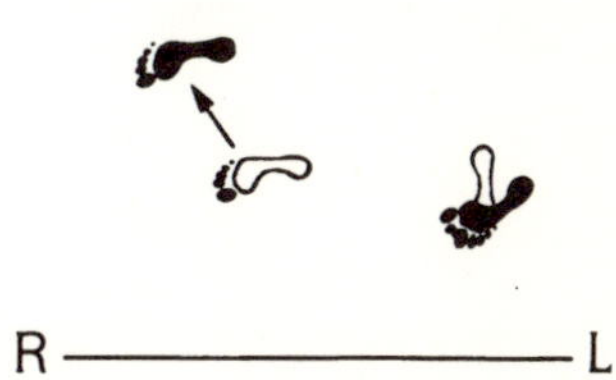

12 b

12 a ➤

12

a) Mit dem rechten Fuß den linken vorne überkreuzen, den linken Fuß anschließend in Richtung **R** absetzen
b) **Juchum-sŏgi**
c) Links **Yŏp-jirŭgi** in Richtung **R** – mit **Gihap**

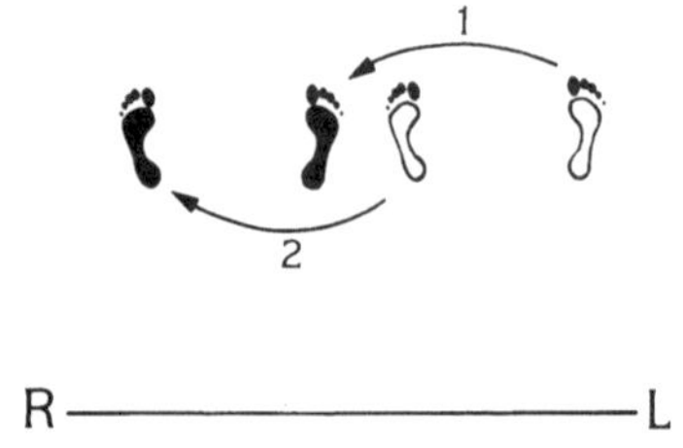

11 b ➤

11 a ➤

11

a) Links in Richtung **R** vorgehen

b) **Juchum-sŏgi**

c) **Santŭl-hechyŏ-makki**

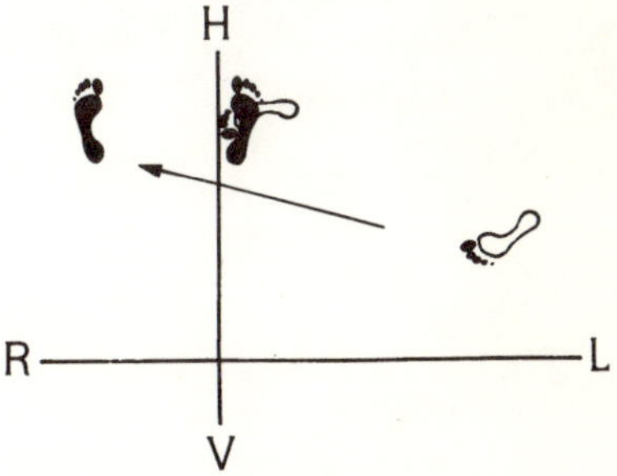

13

a) Den Körper auf dem rechten Fuß um 180 Grad rechtsherum drehen, dabei den linken Fuß in Richtung **L** setzen
b) **Juchum-sŏgi**
c) **Mŏnge-chigi**

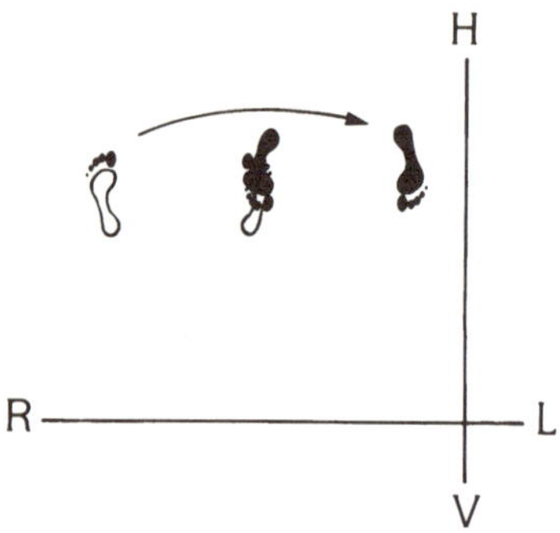

14

a) Auf dem linken Fuß rechtsherum drehen, den rechten Fuß in Richtung **H** setzen
b) Links **Dwit-gubi**
c) Rechts **Batangson-gŏdŭrŏ-momtong-makki**

13 a ➤

13 b ➤

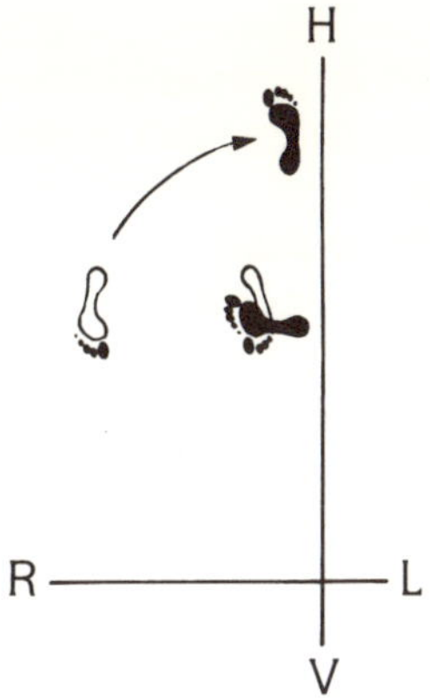

14 b Aus Richtung **H**

14 a ➤

14 b

15

a) Der rechte Fuß gleitet langsam vor in Richtung **H**. Dabei streckt sich der rechte Arm und dreht sich mit der sich öffnenden Handfläche nach unten, während die andere Handfläche über den Handrücken streift

b) Rechts **Ap-gubi**

c) Links **Pyŏnsonkŭt-ŏpŏ-chirŭgi**

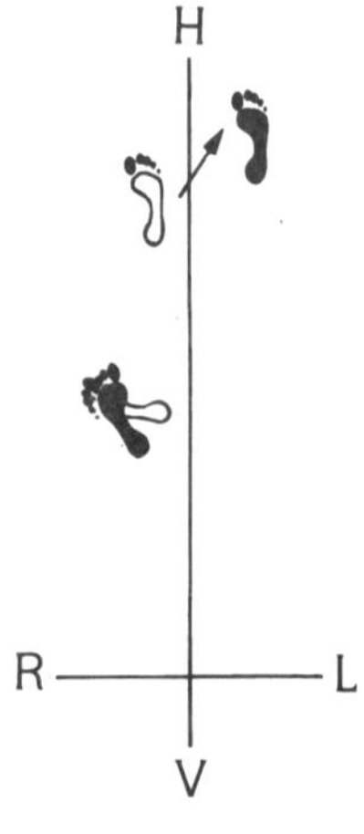

15

1 ➤ Aus Richtung **H** (1–2)

2

16 a ➤

16 b ➤

16 a ➤ Aus Richtung **H**

16 b ➤ Aus Richtung **H**

17

17 Aus Richtung **H**

16

a) Die Füße bewegen sich nicht von der Stelle
b) Rechts **Ap-gubi**
c) **Momtong-dubŏn-jirŭgi** (erst rechts, dann links stoßen)

17

a) Links in Richtung **H** vorgehen
b) Rechts **Dwit-gubi**
c) Links **Sonnal-arae-makki**

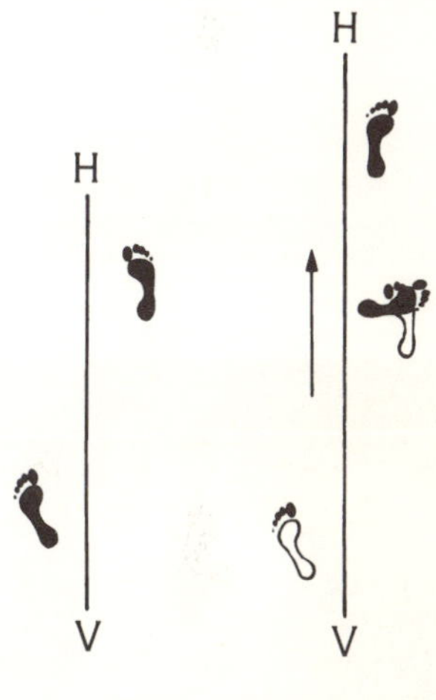

(16) (17)

18 a ➤

18 b

18 a ➤ Aus Richtung **H**

18 b Aus Richtung **H**

18

a) Rechts in Richtung **H** vorgehen, dabei beide Hände mit den Handflächen nach unten an die rechte Hüfte bringen. Dann mit beiden Handflächen langsam nach vorne stoßen, bis sie sich etwa in Gesichtshöhe vor dem Kopf befinden

b) Rechts **Ap-gubi**

c) **Bawi-milgi**

20 b

20 a ➤

20 Aus Richtung **R**

20

a) Die Beine bewegen sich nicht von der Stelle
b) **Juchum-sŏgi**
c) Langsam, aber kraftvoll **Sonnal-arae-hechyŏ-makki** ausführen

19 b ➤

19 a ➤

19

a) Den rechten Fuß etwas nach links versetzen und auf die Linie **V-H** stellen. In Richtung **R** blicken

b) **Juchum-sŏgi**

c) **Sonnaldŭng-momtong-hechyŏ-makki**

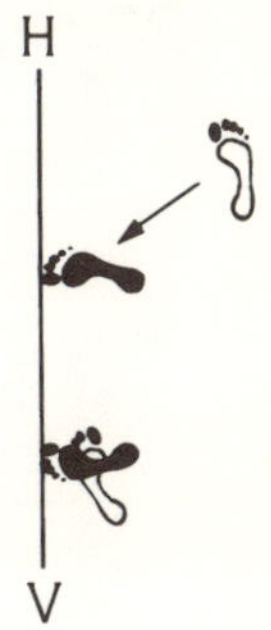

22a ▼

22b

21

a) Während die Füße ihren Platz nicht verlassen, strecken sich langsam die Knie. Zugleich werden die Hände langsam zu Fäusten geballt
b) **Pyŏnhi-sŏgi** mit der Fußstellung in **Juchum-sŏgi**

22

a) Links schnell in Richtung **V** vorgehen
b) Links **Ap-gubi**
c) Links schnell **Dŭrŏ-olligi**

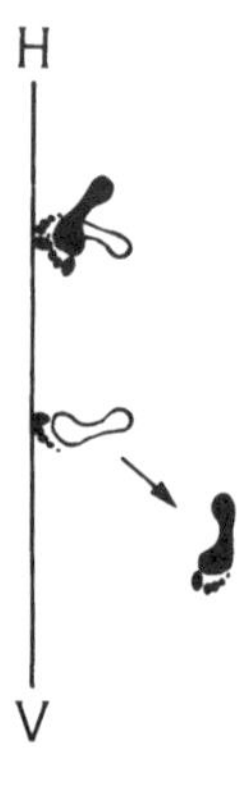

21 b ➤

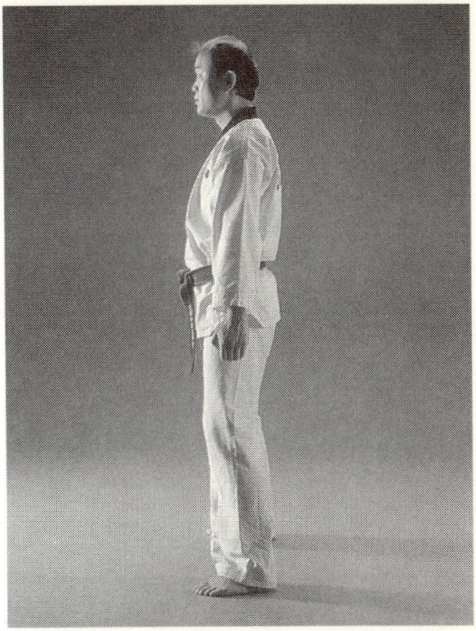

21 a ➤

21 b Aus Richtung **R**

21 a ➤ Aus Richtung **R**

23 a ➤

23 b ➤

23

a) Die Füße bewegen sich nicht von der Stelle. Beide Hände mit den Handflächen nach unten an die rechte Hüfte bringen. Dann mit beiden Handflächen langsam nach vorne stoßen, bis sie sich nun etwa in Gesichtshöhe vor dem Kopf befinden
b) Links **Ap-gubi**
c) **Bawi-milgi**

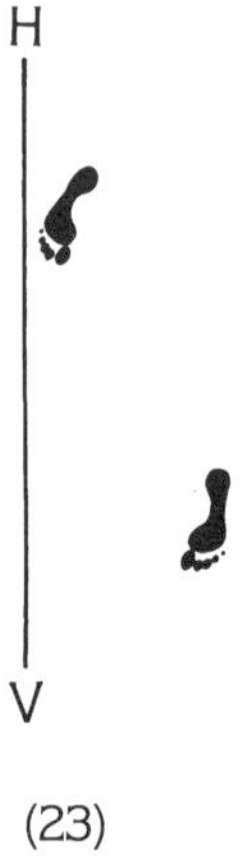

(23)

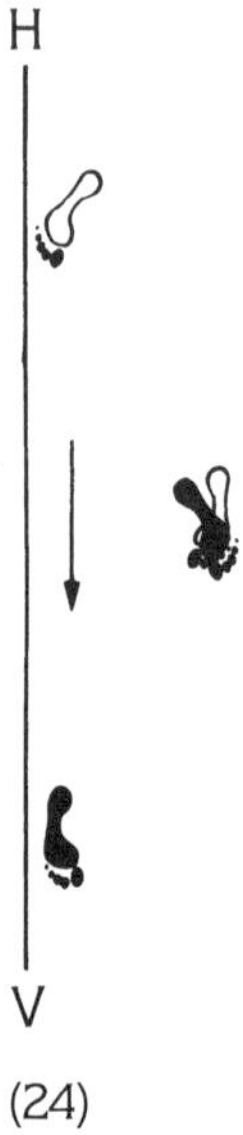

(24)

24 a ➤

24 b ⮟

24

a) **Jagŭn-dolchŏgwi** an der linken Hüfte formen, in dieser Armposition mit dem rechten Fuß **Ap-chagi** in Richtung **V** treten und absetzen

b) Rechts **Ap-gubi**

c) **Chettari-jirŭgi**

24 c

Selbstverteidigungsmöglichkeit durch die Kombination der Bewegungen 22 und 24 (1–4)

1 ▼

2 ➤

4

3 ▲

25 a ➤

25 b ➤

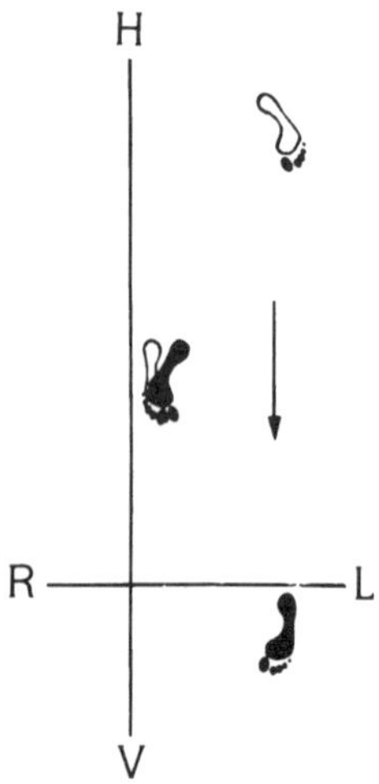

25

a) **Jagŭn-dolchŏgwi** an der rechten Hüfte formen, in dieser Armposition mit dem linken Fuß **Ap-chagi** in Richtung **V** treten und absetzen

b) Links **Ap-gubi**

c) **Chettari-jirŭgi**

26

a) **Jagŭn-dolchŏgwi** an der linken Hüfte formen, in dieser Armposition mit dem rechten Fuß **Ap-chagi** in Richtung **V** treten. Im Anschluß schnell vorspringen und mit dem rechten Fuß auf den Boden stampfen

b) Rechts **Dwit-koa-sŏgi**

c) Rechts **Dŭng-jumŏk-gŏdŭrŏ-ape-chigi** in Richtung **V** – mit **Gihap**

26 a ➤

26 b ▼

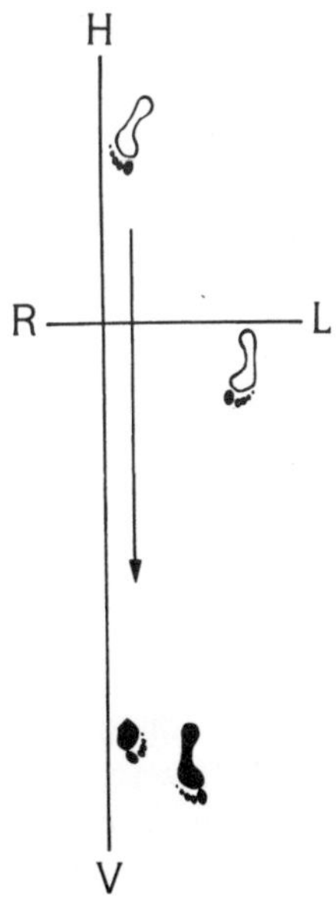

26 c

27

a) Auf dem rechten Fußballen linksherum drehen, den linken Fuß in Richtung **H** setzen und die beiden Hände offen mit den Handflächen nach unten an die rechte Hüfte bringen. Dann mit beiden Handflächen langsam nach vorne stoßen, bis sie sich etwa in Gesichtshöhe vor dem Kopf befinden

b) Links **Ap-gubi**

c) **Bawi-milgi**

2

1 ◄ Beispiel zur Bewegung 26 (1 und 2)

27 a ➤

27 b

27 a ➤ Aus Richtung **H**

27 b Aus Richtung **H**

28

a) Den linken Fuß schnell etwas zurückziehen
b) Links **Bŏm-sŏgi** in Richtung **H**
c) **Sonnal-ŏtgŏrŏ-arae-makki** – schnell

28 ➤

28 ➤ Aus Richtung **H**

29

29 Aus Richtung **H**

29

a) Rechts in Richtung **H** vorgehen
b) Links **Dwit-gubi**
c) Rechts **Sonnaldŭng-makki**

30

a) Links in Richtung **H** vorgehen
b) Rechts **Dwit-gubi**
c) **Chettari-jirŭgi**

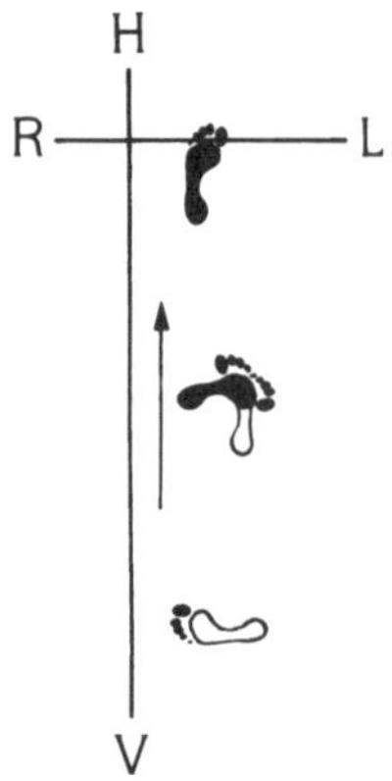

30 ➤

31

a) Rechts in Richtung **H** vorgehen
b) Links **Dwit-gubi**
c) **Chettari-jirŭgi**

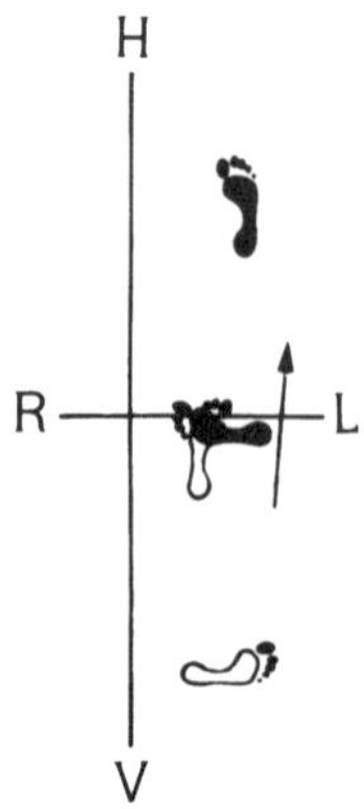

30 Aus Richtung **H**

31 ➤

Ga ⮟

Gũman

a) Auf dem linken Fuß linksherum drehen, bis das Gesicht in Richtung **V** weist. Gleichzeitig wird der rechte Fuß zum linken gezogen
b) **Pyŏnhi-sŏgi**
c) **Gibon-junbi**

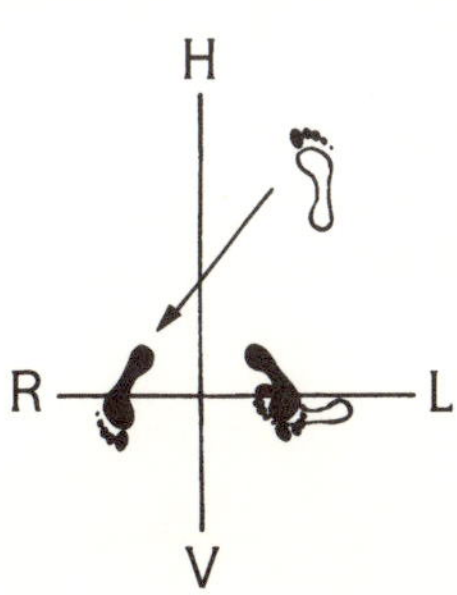

Gb

Kyŏk-pa – der Bruchtest

1 ➤

Kyŏk-pa für den 2. Dan

Dolyŏ-chagi – Momdolyŏ-chagi – Kombination

Es gilt hier, schnell hintereinander zwei Bretter zu zertreten: eins mittels *Dolyŏ-chagi* und eins mittels *Momdolyŏ-chagi*, jeweils mit einem anderen Fuß.

Der Ausführende ist für die genaue Aufstellung der Bretthalter verantwortlich, denn er muß nach dem erfolgten *Dolyŏ-chagi Kyŏk-pa* ohne Zwischenschritt direkt nach dem Absetzen des Trittfußes mit dem anderen Fuß den *Momdolyŏ-chagi Kyŏk-pa* ausführen.

Die Prüfer können bestimmen, wie hoch die Bretter gehalten werden müssen und mit welchem Fuß der Prüfling anfangen soll. In der Regel aber überlassen sie dem Prüfling die Wahl des Fußes und bestimmen lediglich die Tritthöhe (meist in Kopfhöhe). Der Prüfling ist gehalten, beide Tritte in schneller und flüssiger Form auszuführen, ohne den begonnenen Bewegungsfluß zu unterbrechen.

2 ▼

3

1 ➤

Baro-jirŭgi gegen ein frei gehaltenes Brett

Nachdem der Abstand zwischen dem Ausführenden und dem Brett genau festgelegt ist, folgt eine kurze Phase der Konzentration, bevor der Fauststoß mit der größtmöglichen Geschwindigkeit gegen das nach unten frei hängende Brett geführt wird. Das Brett zerbricht auf Grund des eigenen Trägheitsmoments und der Geschwindigkeit der Faust.

Wie auf dem Bild deutlich zu sehen ist, birst das Brett unmittelbar beim Aufprall der Faust. Es ist also sinnlos, weiter als zwei Zentimeter hinter das Ziel zu stoßen. Am günstigsten wirkt sich der Stoß knapp über der Mitte des Brettes aus. Hohes Können zeigt sich, wenn das Brett auch unter der Brettmitte an der Aufprallstelle der Faust zerbricht.

2 ▼

3

1 ➤

2 ➤

8 ➤

7 ➤

9

Kyŏk-pa für den 3. Dan

Sprungtritt-Kombination

Eine Sprungtritt-Kombination von *Twiŏ-ap-chagi*, *Twiŏ-yŏp-chagi*, *Twiŏ-dolyŏ-chagi* und *Twiŏ-momdolyŏ-chagi* muß flüssig hintereinander gegen Bretter durchgeführt werden, die in Kopf- und über Kopfhöhe gehalten werden. Oft wird in der Prüfung verlangt, daß unmittelbar

3 ➤

4 ➤

6 ➤

5 ➤

im Anschluß an die Sprungtritt-Kombination die nachfolgend beschriebene Handkombination ausgeführt wird.

Die Aufstellung der Bretthalter obliegt wieder dem Prüfling. Er sorgt dafür, daß sie in einem ihm genehmen Abstand voneinander und in der folgerichtigen Richtung zueinander stehen. Der Prüfling konzentriert sich nur vor dem ersten Sprung auf die ganze ihm gestellte Aufgabe und führt danach alle Sprünge ohne Zwischenkonzentration flüssig hintereinander aus.

2 ➤

3 ➤

4 ➤

1 ➤

Handkombination

Bei der Handkombination wird der *Sonnal-chigi* und der *Sonnaldŭng-chigi* in unmittelbarer Folge verlangt. Auch hier werden die Bretter so gehalten, daß die Kombination ohne Zwischenschritt oder Zusatzkonzentration für das zweite Brett ausgeführt werden kann.

In der Regel wird zuerst der *Sonnal-chigi* geschlagen, anschließend der *Sonnaldŭng-chigi*. Die Bretter sollten in Brustkorbhöhe des Ausführenden aufgebaut sein.

5

Kyŏk-pa für den 4. Dan

Spezialbruchtest nach eigener Wahl

Hier können die Prüflinge Bruchtests vorführen, die bislang im Prüfungsprogramm nicht verlangt wurden oder die sie besonders gut beherrschen und unter besonderen Umständen ausführen.

Der Phantasie des Prüflings sind hier keine Grenzen auferlegt, und so könnte er zum Beispiel einen *Twiŏ-momdolyŏ-yŏp-chagi* mit oder ohne Überspringen von Personen ausführen.

Ein anderer schwieriger Bruchtest ist zum Beispiel der *Dubal-ap-chagi* im Sprung, wobei in Kopfhöhe oder darüber mit beiden Füßen gleichzeitig *Ap-chagi* getreten wird.

Denkbar wäre auch eine Kombination von *Dolyŏ-* und *Yŏp-chagi*, in schneller Folge nacheinander getreten. Bei einer besonderen Vorliebe für Sprungtechniken könnte dieselbe Variation auch im Sprung ausgeführt werden.

Diese kurze Aufzählung von Spezialbruchtests hat selbstverständlich nicht den Anspruch, vollständig zu sein. Prüflinge, die einen höheren Dan anstreben, können – und sollen – sich ihren Fähigkeiten entsprechend die Bruchtestart und -menge selbst ausdenken und gestalten. Selbstverständlich können auch Hand- und Ellenbogen-Bruchtests als Spezialtechniken dargeboten werden. Daneben ist beispielsweise auch die Auswahl des Bruchtestmaterials nicht nur auf Bretter beschränkt. Wir hoffen hier mit unseren Beispielen die richtigen Anregungen zu geben, um den Prüfling auf eigene Stärken aufmerksam zu machen.

1 ▼

2